货币心理学

林继肯◎著

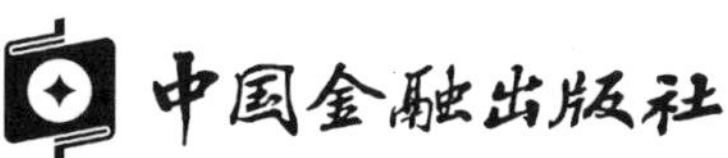

责任编辑：张　铁
责任校对：李俊英
责任印制：丁淮宾

图书在版编目（CIP）数据

货币心理学/林继肯著.—北京：中国金融出版社，2023.10
ISBN 978－7－5220－2208－6

Ⅰ.①货…　Ⅱ.①林…　Ⅲ.①货币—社会心理学　Ⅳ.①C912.69

中国国家版本馆CIP数据核字（2023）第191581号

货币心理学
HUOBI XINLIXUE
出版
发行　中国金融出版社
社址　北京市丰台区益泽路2号
市场开发部　(010)66024766，63805472，63439533（传真）
网上书店　www.cfph.cn
(010)66024766，63372837（传真）
读者服务部　(010)66070833，62568380
邮编　100071
经销　新华书店
印刷　保利达印务有限公司
尺寸　169毫米×239毫米
印张　14.25
字数　200千
版次　2023年10月第1版
印次　2023年10月第1次印刷
定价　65.00元
ISBN 978－7－5220－2208－6

目 录

Contents

绪　论

人类在探索自然界奥秘的同时，也在不断探索人类自身的奥秘，特别是心灵的奥秘。在市场经济形成以后，货币是经济活动的核心，人们在探索货币运行规律的同时，也在不断地研究人的货币心理现象、货币行为规律，这在客观上要求创建货币心理学这门新兴学科。

一、货币心理学的研究对象

货币心理学是研究人的货币心理现象、货币行为规律的科学。货币心理是人脑对流通界货币的主观反映，人的货币心理活动是人脑的机能，离开了人脑就不能产生人的货币心理活动。但是，人脑只是反映流通界货币的物质器官，是人的货币心理活动产生的前提。如果没有流通界的货币，人脑就没有反映的对象。人脑自身是不会单独产生货币心理活动的，流通界的货币以各种形式作用于人脑，通过人脑的加工处理系统产生对货币的感觉、知觉、表象、记忆、思维等心理活动。这说明流通界的货币是人的货币心理活动的源泉和内容，人的一切心理活动都是人脑对客观现实的反映。

货币心理是人脑对流通界货币的主观反映。人的货币心理的源泉和内容是客观的，这就保证了人的货币心理能够真实地反映流通界的货币。但是，虽然人脑中形成的货币的映象与货币相似，但它毕竟不是货币的本身，因为这种反映对每个人来说是不同的，甚至有很大的差别。所以，人的货币心理活动的内容是客观的，但其反映的形式是主观的，因为人对货币的反映总是在具体人的头脑中形成的。每个人的经历不同，积累的经验不同，世界观、人生观、货币观以及个性不同，甚至当时的心理状态也不同，这些都会使人对流通界的货币产生不同的反映。因此，人的货币心理活动是人脑对流通界货币的主观反映，是客观内容和主观形式的辩证统一。

人的货币心理不仅是人脑对流通界货币的主观反映，而且是能动的反映，是一种积极的能动的反映。所以，人的货币心理活动不仅具有客观性，而且具有主观能动性。

人的货币心理是在实践中发生和发展的。人的货币实践活动是人的货币心理发生、发展的基础，人对流通界货币的反映是在实践活动中发生的，它不仅受到流通界货币的影响，而且能积极作用于流通界的货币，即主动地把流通中的货币转化为主观的映象，又通过实践活动使主观见之于客观。随着实践活动的不断深入和发展，人的货币心理活动日益丰富、深化，从对货币的表面认识发展到对货币的本质认识，并表现出克服困难、达到预定目标的意志行动，形成自己独特的货币个性心理，这说明人对货币的整个反映都是积极的、能动的。

二、货币心理学的研究任务

在市场经济条件下，人的货币心理是很复杂的，这决定了货币心理学这门新兴学科研究任务的复杂性、艰巨性。货币心理学的研究任务主要有以下七项：

第一，掌握货币心理规律。货币心理学研究的基本任务就是要搞清楚货币心理产生、发展、变化的规律，人们在生活、劳动、工作的实践中如何运用这些规律，分析、掌握货币心理和货币行为之间的因果关系，促进形成良好的、健康的、快乐的货币心理。

第二，揭示货币心理现象的实质。人的货币心理现象是十分复杂的、多种多样的，需要深入分析和揭示货币心理产生的原因这个重心。只有分析产生的原因这个重心，并分析货币心理产生的原因与货币行为之间的因果关系，才能进一步分析货币心理产生的原因的性质，判断是正确的货币心理产生的原因还是错误的货币心理产生的原因，逐步减少和清除产生不良货币心理的原因，并转化为健康的、积极的货币心理产生的原因。

第三，揭示人的货币心理与外部环境的关系。人的货币心理与外部的环境有着密切的联系，这往往受到经济生活、人际关系、社会货币心理的影响，这种外部的影响又通常是有规律性的，揭示这种联系和关系是货币心理学研究的一项重要任务。

第四，预测人的货币心理。要在深入了解人的货币心理的基础上，预测人的货币心理。人的货币心理现象虽然十分复杂，但也不是没有规律可循，只有在深入了解、研究人的货币心理现象的基础上，通过对人的货币心理与外部环境关系的分析，以及人的货币心理和货币行为之间因果关系的变化分析，才能预测人的货币心理，阻止不正确的货币行为的发生。

第五，调控人的货币心理和货币行为。调控人的货币心理和货币行为的目的，是促进人的货币心理和货币行为向着正确的方向发展，预防和阻止产生不良货币心理和货币行为。

第六，提高金融实际工作的效率。金融实际工作者要重视和研究人的货币心理和货币行为，在执行货币政策过程中，要研究和分析人民群众的货币心理、货币行为的动向，同时也要认识自己货币心理的状态，这样才能更好地提高金融实际工作的效率并达到理想的效果。

在市场经济条件下，人们的货币心理和货币行为是十分复杂的，只有把货币运行规律的客观性和人的货币心理、货币行为的主观性结合起来研究，才能圆满地、有效地做好金融的实际工作，并充分发挥金融工作在实现中国式现代化中的积极作用。

第七，培养社会主义金融工作的接班人。在高等财经院校，除了通过政治课对学生进行政治思想教育外，还要通过货币心理学课程培养学生具有良好的、健康的、全心全意为人民服务的货币心理和货币行为，提高学生货币心理、货币行为的素质。所以，政治课和货币心理学课程是相互促进、相互补充的，只有这两个学科结合起来，从政治思想到心理、行为对学生进行全面的培养和提高，才能更好地培养社会主义金融工作的接班人，货币心理学作为金融专业硕士研究生的必修课，肩负着研究的重要任务，大有研究的领域和研究的前途。

三、唯物辩证法是货币心理学研究的根本方法

货币心理学研究需要运用普通心理学研究的观察法、实验法、调查法、测验法，但唯物辩证法是货币心理学研究的根本方法，这个根本方法贯穿于货币心理学研究始终，主要表现在以下八个方面：

第一，用唯物辩证法质量互变的规律，分析货币性质新变化在人们心理上的反映。货币是商品经济中的一般等价物，这个性质是古今中外的共识。但这是简单商品经济中货币的性质，随着社会生产力的发展，社会生产关系的变化，货币的性质不可能是一成不变的，在市场经济条件下，货币性质发生了新的变化，货币具有二质：一是一般等价物，二是财富的代表，这二者在人们心理上发生变化，对极少数拜金主义者来说，增加了货币心理的诱惑力。

第二，用唯物辩证法的量变到质变的观点分析资本在人们心理上的反映。当货币数量增加到一定的界限时，另一个货币的质变就是货币转化为资本。资本是另一个独立的经济范畴，已经不属于货币这个经济范畴，但是，其是从货币转化来的，大货币能够产生小货币，更加增加了极少数拜金主义者货币心理的诱惑力。

第三，用唯物辩证法的反映论和可知论分析货币的价值。货币的价值始终是人们关注的核心，货币的客观价值是由货币代表人类的社会必要劳动决定的。货币的客观价值在人们头脑中的反映，必然产生了货币的主观价值，货币的主观价值每个人是不同的，甚至有很大的不同，货币的主观价值是由货币主观价值递减规律决定的。

第四，用唯物辩证法的一元论分析货币双核心的重要地位。货币在市场经济中占据核心的重要地位，必然反映在人们的心理上也占据核心的重要地位，这两个核心是统一的，是不可分割的双核心论。

第五，用唯物辩证法否定之否定规律分析货币与快乐的关系。货币带来的快乐是物质的、外在的、有限的、短暂的、不自主的。精神上带来的快乐和货币带来的快乐在性质上是有区别的，精神上带来的快乐使人们充满了活力，是奉献、是超越、是新境界。有货币的人不一定快乐，货币多的人不一定比货币少的人更快乐，货币多甚至带来了更多的苦恼。

第六，用唯物辩证法对立统一的观点分析货币。货币没有长腿，自己不能走进流通界，是人把它投入流通界的。货币是活的，有八个因素决定了货币是活的，它们是：人的心理是活的，人的行为是活的，人的动机是活的，人的情绪是活的，货币传情是活的，货币使命是活的，货币心态是活的，货币的人品是活的。这些因素决定了货币不是死的，是活的。要研究活货币，不要研究死货币。研究活货币，使货币理论研究更联系实际，使货币理论研究更全面、更贴近人民群众生活，使货币对经济、社会、人发挥更积极的作用。

第七，用实践和认识对立统一的观点分析心理货币。心理货币是人在对货币辩证认识的过程中产生的，运用以科学的实践为特征的反映论，体现在对货币认识的辩证过程中，是实践和认识对立统一规律的具体运用。这是对货币从感性认识到理性认识，从理性认识到实践，对货币的认识通过实践、认识、再实践、再认识的过程，如此得出对心理货币理性认识的心理货币论。

第八，运用唯物辩证法关于普遍联系和发展的规律，研究货币心理学。运用心理学研究货币学，把心理学渗透到货币学，融化到货币学，促进货币学的发展和提高；运用货币学研究心理学，把货币学渗透到心理学，融化到心理学，扩大心理学研究新领域、新范围，促进两个学科双提高，促进两个学科进入新领域，达到新境界。

通过以上八个主要方面，系统地、全面地运用唯物辩证法研究货币心理学，促进货币心理学这个新兴学科的诞生和不断发展，使货币心理学的研究达到新高度、新境界。

第一章　货币认知

货币认知就是人对货币的认识。当人最初接触到流通界的货币时，人是通过感觉器官接触到货币的，通过头脑思考货币，通过行为收付货币，由此形成各式各样的货币心理过程，这个过程就是人对货币的认知过程。所以，货币认知就是人们获得货币信息，并对货币信息进行加工的过程。换句话说，人们接收外界的货币信息后，经过加工处理，转化成内在的货币心理，进而支配人的货币行为。这是人的最基本的货币心理过程，这个过程就是货币认知。

人的货币认知是一个非常复杂的心理活动过程，由对货币的感觉、知觉、注意、表象、记忆、想象、思维、语言八个认知要素构成。只有分析构成货币认知的主要要素，才能全面掌握货币认知的心理过程。

一、货币认知的构成要素

（一）货币感觉

人们在日常生活中时时处处都能接触到货币，与货币发生各种各样的关系。当货币作用于人们感觉器官时，就产生了货币感觉。货币感觉是货币对人最原始的心理信息，人们认识货币就是从对货币的感觉开始的。货币是商品经济中存在的一种物体，世界上任何一种物体都产生一种刺激，人的感觉器官将货币的刺激转化为货币感觉，这个转化是通过神经元进行的。神经元是具有细长突起的神经细胞，是神经系统结构和功能的基本单位，它的基本作用就是负责信息的接收、加工和传递。所有与大脑的感觉交流都是通过神经元以神经信号的形式进行的。

货币对人的刺激会转化为人的大脑的感觉，人对货币的感觉有三个共同的属性：传导、感觉适应和阈限，这些属性决定了哪些刺激真正成为感觉，这种感觉质量影响如何，是否会引起人们的注意。

传导。传导是指把货币对人的刺激变成货币感觉，将货币刺激带来的信息转化为神经信息的感觉加工过程。当货币的刺激达到人的感觉器官时，它会被激活。人的感觉最基本的步骤是由感觉器官将物体刺激转化为神经信息，这些信息从感觉通路传送到大脑的适当区域，以做进一步的加工。所以，我们的感觉已经不是原始货币刺激的特性，而是大脑功能的产物。

感觉适应。感觉适应是指人的感觉只能反映特定性质的刺激，完成自己特定目的的反映任务和反映内容。人的视觉、听觉、味觉、嗅觉、触觉只能完成各自特定性质刺激感觉任务。例如，人的眼睛只能看到货币的颜色、图像、面额等。感觉反映的是个别属性，而不是货币的整体属性。

阈限。阈限是指感觉的边界，是人的五种感觉器官（视觉、听觉、嗅觉、味觉、触觉）能接受外界刺激的最小能量，如果低于这个能量，就需要用仪器来区别。货币的阈限是货币的数量，如果低于这个数量，如一角、一分，人们就感觉无所谓了。货币的阈限对每个人也是不同的，对有的人来说是角、分，对有的人来说是元，如一元、两元等。

根据以上分析，感觉的作用如下：

第一，感觉是人认识货币的初级阶段，是人认识货币的开始。人通过感觉从外界获得货币的信息，这种信息在不同水平上经过加工，并与已经储存的货币知识进行对照、补充，从而产生对货币的认识，即货币是一般等价物、财富代表属性的认识。所以，在认识货币属性的过程中，感觉是关于货币知识的最初源泉，是认识货币的最初阶段。

第二，货币感觉是一切较高级、较复杂人的心理活动的基础。也是人的全部心理活动的基础。人的对货币的知觉、记忆、思维等复杂的生理活动，必须通过货币感觉提供的原始资料。所以，没有货币感觉，一切较复杂、较高级的货币心理现象都无从产生。

第三，货币感觉提供了内外环境的信息，从而人才能够认识货币的属性。一切人的货币心理活动都离不开货币感觉，一切货币行为更离不开货币感觉。货币感觉是在商品经济条件下，人从货币关系上保持与社会、环境、其他人之间适应的基础。

货币感觉具有两性：特殊性和重要性。货币不是普通商品，货币是在商品世界上具有特殊地位的商品，货币是商品交换的一般等价物、财富的代表，所以，世界上只有货币这种特殊商品对人的感觉产生特殊性和重要性。

货币感觉的特殊性。人们从心理上感到货币亲近、亲热、贴心，世界上只有货币这种特殊商品使人产生这种感觉。正因为人们心理对货币有亲近、亲热、贴心的感觉，人们把货币藏在保险柜里，或者存进银行里。

货币感觉的重要性。人们认为货币比其他任何商品都重要，货币在人们的心里占据特殊重要的地位，经常计算货币的收入、支出、结余，算了又算，反复核对，唯恐出现差错。

（二）货币知觉

人们不仅通过感觉认识货币，而且通过知觉认识货币。感觉是对货币个别属性的认识，知觉是对货币整体的认识。知觉是人脑直接作用于感觉器官对货币各个部分和属性的整体反映；知觉是在感觉的基础上产生的，它是对货币感觉信息整合后的反映。

货币直接作用于人的感觉器官时，人不仅能够反映货币的个别属性，而且能够通过各种感觉器官的协同活动，在大脑中对货币的各种属性按其相互之间的联系或关系整合成货币整体，而不是感觉的简单相加，从而形成对货币的完整映象。例如，感觉到货币的颜色、图像、面额等个别属性，然后把感觉到的个别属性信息进行综合，加上过去的知识和经验，就形成了对货币的整体映象。这种信息整合的过程就是货币知觉，是了解货币的本质和职能的过程。

货币知觉和货币感觉既有联系又有区别。货币知觉和货币感觉的联系主要表现在以下几个方面：

第一，货币感觉和货币知觉都是货币直接作用于人的感觉器官的反映。如果货币不再直接作用于人的感觉器官，人对货币的感觉和知觉就不存在。

第二，货币感觉和货币知觉都是人们认识货币的初级形式，反映的是货币的外部特征和外部联系。如果想揭示货币的特征，只靠货币感觉和货币知觉是不够的，必须在货币感觉、货币知觉的基础上，进行更复杂的心理活动，还要通过对货币的记忆、想象、思维、语言等来了解。

第三，货币知觉是在货币感觉的基础上产生的，并且同货币感觉同步产生。没有货币感觉，也就没有货币知觉，人们感觉到的货币个别属性越多、越丰富、越深刻，对货币的知觉也就越准确、越完整、越全面。

第四，货币知觉是对货币感觉的信息组织和解释过程。市场上大量货币信息刺激人的感觉器官，人的大脑有选择地输入货币信息，并对货币感觉信息进行整合、组织，形成稳定、清晰的完整货币映象。人们在日常的生活中很少意识到孤立的货币感觉，人们的头脑总是不断地对货币信息加以整合、组织，形成完整的货币映象。

货币知觉和货币感觉的区别主要表现在以下几个方面：

第一，货币感觉和货币知觉是不同的心理过程。货币感觉反映的是货币的个别属性；货币知觉反映的是货币的整体，即货币的各种不同属性、各部分及其相互联系。例如，当人们购买商品时，货币感觉反映的是货币的流通手段和支付手段这两个职能的属性，货币知觉反映的是货币五个全部职能。

第二，从货币感觉和货币知觉的生理机制来看，货币感觉是单一分析器活动的结果，货币知觉是多种分析器协同活动对货币复杂刺激或货币刺激之间的关系进行分析综合的结果。例如，地震、疫情发生后呼吁人们捐款，你经过思考，献出自己的爱心，慷慨解囊，这就是货币的复杂刺激，是对复杂刺激关系进行分析综合的结果。

第三，货币知觉不是货币感觉的简单相加，货币知觉比货币感觉复杂得多。在货币知觉中除了包含货币感觉之外，还有以往货币知识和经验的参与、自己的实践和体会、人们之间的货币信息交流，从而才能对当前的货币信息作出识别、选择，最后作出决定。

货币错觉。货币错觉产生的原因主要有两个：一是在生理机制和功能上发生障碍，人的感觉器官和大脑的神经机制参与了错觉产生的过程。例如，视力产生了错觉。二是人的心理产生了错误。人的生理机制出现障碍，需要通过生理机制的治疗和恢复来解决。在商品经济条件下，特别要重视和研究人的心理上产生了错误。货币错觉不是货币幻觉，货币幻觉是人们只对货币名义价值作出反应，而忽视其实际购买力变化的一种心理错觉。

人的货币感觉、货币知觉都发生错误，由此导致产生货币错觉。

货币错觉是人在心理上产生错误的具体反映和表现。中国古代就有关于货币错觉的谚语，“有的人把铸币看成比磨盘还大”，“有钱能使鬼推磨”。中国古代民间的谚语批判了货币的错觉，也形象地说明了人的货币感觉、货币知觉都发生了错误，并在这个基础上产生了货币错觉。

在现实生活中，货币错觉产生的危害屡见不鲜，不仅危害自己，也危害他人，甚至危害自己的一生！所以，千万不要产生货币错觉，如果产生了货币错觉，就要及早寻找心理上产生货币错觉的原因，尽早消除货币错觉，形成正确的认识。

（三）货币注意

货币注意是人们日常经济生活中常见的心理现象。货币行为要求人们集中对货币的注意力。货币注意的基本功能是对外来的货币信息进行选择，使货币行为选择有意义的、符合当前需要的，货币行为要避开或抑制其他无意义的、附加的、干扰当前需要的货币信息，从而使货币行为达到预定的目标。

货币注意有两个特点：指向性和集中性。货币注意的指向性是指在一定的时间内，人们的心理活动指向货币上，同时离开其他对象。当人们的心理活动指向货币上时，人们的心理活动就贯注在货币上，就会忽视其他事物，以便对货币行为作出清晰的反映和选择。货币注意的集中性是指人的心理活动指向货币的专注程度。货币注意的专注度和货币行为的效果有直接的关系，注意的专注度越高，货币行为的效果就越好。如果货币的注意力不太集中，则会直接影响货币行为的效果。

货币注意的指向性和集中性表明货币注意有方向和强度的特征。货币注意的指向性使人的心理活动指向货币上；货币注意的集中性使人的心理活动对货币保持一定的关注度。货币注意的指向性和集中性是相互联系的，货币注意的集中性越高，货币注意的指向性范围就越小，货币行为的效果就越好。

在商品经济条件下，人们对货币这个特殊商品的注意不同于一般的商品。人们的心理注意的这两个特点表现为有更强的指向性、更强的集中性。因为货币在人们的日常生活中占据特殊重要的地位，人们对货币有更强的指向性，会用很多时间和很大精力指向货币，是聚精会神地、专心一致地指向货币。

人们对货币有更强的注意的集中性，会把注意和精力集中在货币上，货币成为注意的中心。货币注意的指向性和集中性是密切联系的，货币注意的指向性是货币注意的集中性的前提和基础，货币注意的集中性是货币注意的指向性的体现和发展。

货币注意的功能就是货币注意的作用，它能使人及时地集中自己的心理活动，清晰地反映客观情况，选择符合需要的、有意义的货币心理和货币行为。货币注意有以下三个功能：

选择功能。注意的基本功能是对信息进行选择，使心理活动选择有意义的、符合需要的、与当前活动任务相一致的各种刺激，避开或抑制其他无意义的、附加的、干扰当前活动的各种刺激。例如，用货币选择那些对自己有意义的、需要的、受外界推荐的商品或劳务，避开和远离那些当前自己暂时还不需要的商品或劳务，或其他货币支出，避免货币行为受外界的影响。

保持功能。外界的大量货币信息输入人的大脑后，有些货币信息被选择注意，被选择的货币信息受到注意的关注，心理活动对其进行加工，完成相应的货币行为。如果不加注意，货币信息就会很快消失，心理活动就无法展开。注意的保持功能还表现在，它可以使人的心理活动较长时间地保持在注意选择的货币上，维持一种比较紧张的状态，从而保持需要的商品或劳务，或其他货币支出在自己的脑子中，延续到达到目的为止。

调节和监督功能。注意的调节和监督功能使人的心理活动沿着一定的方向和目标进行，使心理活动根据货币支出的需求做到货币注意的适当分配和适时转移。在货币注意下，人们有效地监督自己的货币行为，顺利地达成货币行为的目标和完成任务。

（四）货币表象

货币表象是指货币不在人的面前时，人的头脑中出现过去已感知过的货币形象。货币对人发生作用之后，货币会在人的身上留下作用的痕迹。货币在人面前消失后，人大脑的加工系统中会保持有关货币的信息，以便人需要时能够提取使用。货币表象是人们对货币信息进行编码和加工的一种主要形式，货币表象是人们的一种货币心理现象。

1. 货币表象的类型

根据不同的区分标准，可以把货币表象划分不同的类型。

（1）记忆表象和想象表象

根据创造性程度的不同，货币表象可以划分为货币记忆表象和货币想象表象。货币记忆表象是过去感知过的货币形象的简单重现；货币想象表象是过去的货币表象经过加工改造，重新组合创造出的货币新形象。这两种货币表象往往是交织在一起的，很难绝对加以区分。只有在货币记忆表象中提取素材，货币想象才能得以进行，同时，货币记忆表象与货币想象表象相结合，为货币想象表象作补充。这种货币表象类型的划分，主要对研究心理活动有参考意义，很少具有货币的实践意义。

（2）视觉、听觉、动觉、嗅觉、味觉、触觉等表象

根据表象形成的主要感知通道，货币表象可分为视觉表象、听觉表象、动觉表象、嗅觉表象、味觉表象、触觉表象等。对货币心理和货币行为来说，最主要的是货币的视觉表象，这是最常见的货币表象

形式。人们要用视觉识别真假货币，认识货币的面额、形状、图像等。听觉货币表象形式是最常见的。人们在日常生活中，在人与人之间的交谈中，经常谈论对货币的看法、想法、体验。动作货币表象形式也很常见，人们每天都要发生货币行为，比如购物，货币收入、货币支出等。其他感知通道很少发生货币表象。

（3）个别表象和一般表象

根据表象的概括程度不同，货币表象可分为一般表象和个别表象。一般表象是反映一类事物共同特性的表象。在当今社会，各国流通中的货币都是纸币或硬币，这是货币的一般表象。中国流通的是人民币，美国流通的是美元，俄罗斯流通的是卢布，英国流通的是英镑，这是货币的个别表象。货币个别表象和货币一般表象有着密切的联系，货币个别表象是货币一般表象的基础和识别中心，货币一般表象是货币个别表象的高度概括。

（4）遗觉象

当货币对人的刺激作用停止后，人的头脑中还会继续保持货币非常清晰、鲜明的货币表象，这就是货币遗觉象。货币遗觉象是记忆表象的一种特殊形式，它几乎与感知形象一样鲜明和生动。货币遗觉象一般常见的是视觉表象，例如，对过去各种曾经发行和流通过的、自己使用过的货币的表象就是货币的遗觉象。

2. 货币表象的特征

货币表象具有以下三个主要特征：

（1）直观性

货币表象和货币感觉、货币知觉一样具有直观形象性，是人脑对货币的感性反映。但它反映的一般只是货币大体的形象和主要的特征，货币表象没有货币感知所得到的形象那样鲜明、完整和稳定。正是由于货币表象不能反映货币的全部特征，而且不稳定，比较模糊，所以，它所反映的一些主要特征就显得很突出、直观。

（2）概括性

表象往往反映同一事物或同类事物在不同条件下所表现出来的一般特征，而不是某一次感知的个别特征。知觉是人脑对直接作用于感觉器官客观事物的整体反映，需要借助于人过去的知识和经验。因此，货币表象比货币知觉具有更大的概括性，它以多次货币知觉为基础，是经过信息加工而产生的概括性的形象。

（3）可操作性

人们可以在头脑中对货币表象进行操作，就像通过外部动作控制和操作货币一样。可以用“心理旋转”的实验加以说明，这个实验说明了人脑中的表象是动态的，可以按照人的需要进行操作。

（五）货币记忆

1. 货币记忆的三个环节

货币记忆是过去对货币活动的经验在人头脑中的保持和再现，或者是人脑对过去经历过的货币行为的反映。先有货币的记忆，后有货币的回忆。人们对过去货币心理和行为的一切经历，都可能成为货币记忆的内容。人脑对过去货币经历具有反映机能，这是因为人接受过货币兴奋刺激过程的痕迹，这些痕迹在日后遇到一定条件下会被重新激活，从而在人脑中重现已经消失的货币映象。所以，货币记忆是人脑的一种机能，其生理基础是大脑神经中枢对货币痕迹的建立和巩固。

货币记忆是通过货币识记、货币保持、货币回忆这三个环节在人脑中积累和保存货币经验的心理过程。

（1）货币识记是货币记忆的开始阶段。它既是获得货币知识和经验的过程，也是货币信息在人脑中的编码过程。人们为获得对货币的深刻印象而反复对货币感觉、感受的过程，即货币识记。在货币与商品交换的过程中，货币持有者就是用视觉、听觉和动觉去认识货币，在人脑皮层上建立起货币与商品之间的关系，从而留下货币的痕迹，识记货币。

（2）货币保持是巩固已经识记的货币经验的过程。它使货币识记较长时间保留在头脑中。货币持有者把货币识记过程中建立起来的货币形象储存在大脑中，这就是货币保持和巩固的过程。

（3）货币回忆是指对以前货币的感知过程。虽然货币不在眼前，但头脑中能够把货币重新呈现出来，这就是无数次使用货币后将对货币的回忆过程转换成内在的心理活动，进而支配人的货币行为。

上述货币经历的这三个基本过程是密切联系的，没有货币识记，就谈不上货币经验的保持，没有货币识记和保持，就不可能有货币回忆，货币识记和保持是货币回忆的前提，货币回忆是货币识记和保持的结果，并进一步加强了货币识记和货币保持。

货币记忆作为基本的心理过程，对处于商品经济下的人的日常经济生活中起着重要作用。人通过感知从外界获得货币信息，如果不能保留信息就不可能获得货币知识和经验，就不能形成货币感觉、货币知觉，就不能进行判断和推理，也就不能适应复杂多变的经济环境，就不能有正常的货币心理，进而不能选择正常的货币行为。

2. 货币记忆的分类

根据货币记忆内容的不同，又可以把货币记忆分为形象记忆、情景记忆、语义记忆、情绪记忆和活动记忆五种。

货币的形象记忆。货币的形象记忆是以个人已感知过的货币形象为内容的记忆，这种记忆所保持的是货币的具体形象，具有鲜明的直观性，它以表象的形式储存，例如，人民币、美元、卢布、英镑等货币的具体形象。

货币的情景记忆。货币的情景记忆是个人亲身经历的，发生在一定时间和地点的货币交换、货币关系、货币行为的记忆。货币的情景记忆所接收和储存的信息与个人经济生活中特定时间和地点的货币行为相关。

货币的语义记忆。货币的语义记忆是关于各种货币知识内容的记忆。例如，货币的概念、货币流通规律、货币政策等。货币的语义记忆所包含的内容是概括的、抽象的，不受一定时间、空间的限制，不易受各种因素的干扰，比较稳定，提取比较迅速。

货币的情绪记忆。货币的情绪记忆是以个人曾经体验过的货币情绪或情感为内容的货币记忆。引起货币情绪和情感的事情，虽然已经过去，但对该事件的体验则保存在记忆中，在一定条件下，这种货币情绪、货币情感又会重新被体验到。强烈的、对人有重要意义的货币情绪和情感保存的时间较长，并容易被体验。这种货币情绪和情感既可能是积极愉快的体验，也可能是消极不愉快的体验。积极愉快的货币情绪记忆对人的货币心理和货币行为有激励作用，消极不愉快的货币情绪记忆对人的货币心理和货币行为会带来消极影响。

货币的活动记忆。货币的活动记忆是以过去经历过的货币活动状态或动作形象为内容的记忆。它是以过去操作过的货币动作所形成的表象为前提的，没有过去货币活动的表象，也就没有货币活动的记忆。货币活动的记忆信息的提取和保持都比较容易，也不容易遗忘。

按货币记忆信息保持时间的长短，可以把货币记忆分为三类，即瞬时记忆、短时记忆、长时记忆。根据人们使用记忆的方法，又可分为机械记忆和理解记忆。根据记忆过程中意识的参与程度，又可划分为内隐记忆和外显记忆等。

货币记忆在人的心理和货币行为上起很大作用，记忆和其他心理活动有密切联系。货币记忆存在于货币知觉中，人的过去的货币经验对现实生活有重要作用，没有货币记忆的参与，人就不能分辨和确认日常经济生活中的货币心理和货币行为，借助货币记忆提供的货币知识和经验，人脑可以展开联想、思考，对问题进行比较分析，选择适当的货币行为，这些都以货币记忆为前提的，没有货币记忆就没有货币行为的经验积累，也就可能无法选择良好的货币行为。

（六）货币想象

1. 货币想象与货币实践的关系

货币想象是指人对头脑中已有的货币表象进行思维加工，形成货币新形象的过程，是一种高级的认识组织活动。货币想象所形成的形象已经不是一般的货币形象，而是货币新形象，是个人大脑没有感知过的。货币想象的材料来源是货币表象，而货币表象则来源于过去实际生活和经验。货币想象是人脑对已有的货币表象进行加工改造形成货币形象的心理过程。

货币新形象既可能是人们接触过的货币形象，也可能是现实生活中已经存在的，但个人尚未接触过的货币形象，还可能是现实生活中尚未有过，还有待于创造的货币形象，也可能是现实生活中根本不可能有的货币形象，所以，称为货币想象。

但是，货币想象不能离开人的实践，货币想象与实践有着密切的关系。货币想象是在实践中产生和发展的，同时，也是人类实践活动的必要条件。人为满足自身的需要，必须从事改变客观现实的活动。这就要求人们预先看到自己行为的后果，以及在实践活动中可能遇到的各种困难，从而使人的实践活动具有预见性，指向一定的目标，并按照想象的前景选择货币行为，否则，人们就不可能达到货币心理和货币行为预期的结果。

货币想象可以引导人的货币实践活动。人们想象的货币形象都希望能在实践活动中得到结果，但是，能否得到实践的结果，还必须经过实践的检验，只有经过实践检验的货币想象才能达到预期的结果。

2. 货币想象的种类

货币想象是一种意向性的反映，它在某种程度上超脱现实，因此，可有意地或无意间发生。根据货币想象的目的性和计划性，可将货币想象分为货币不随意想象和货币随意想象。

（1）货币不随意想象

货币不随意想象是没有预定目的、不自觉的想象。各种想象不自觉浮现着、转化着，由于不随意想象不需要人做意志努力，出现得很突然，有时可能对人的思维有启发作用。

（2）货币随意想象

货币随意想象是指有预定目的、自觉地进行的想象。在一定意志的努力下，自觉地进行想象，这种想象具有一定的预见性、方向性，人们在想象过程中一直控制着想象的方向和内容。根据创造程度不同，货币随意想象又可分为货币再造想象、货币创造想象和货币幻想。

货币再造想象。货币再造想象是指人们根据别人的言语叙述、文字描述或图形示意，在头脑中形成新的想象。再造想象必须以别人的描述和提示为前提，再造别人想象过的货币，虽然具有一定的特性，但独立性较差。货币再造想象不是别人想象的简单重现，而是依据以往的经验再造出来的。货币再造想象根据各自的方式构成新形象，货币再造想象包含创造性的成分。

货币再造想象要求有丰富的表象储备，一个人的知识经验越丰富，表象储备越多，再造想象的内容也就越丰富。货币再造想象不仅依赖于已有表象的数量，而且依赖于已有表象的质量。

货币创造想象。货币创造想象是指不依赖于现成的描述而独立创造的形象，其特点是具有独创、新颖的特点。创造想象是人类创造性活动的一个必不可少的因素，是创造性活动顺利开展的关键。正是由于有了货币创造想象的参与，人的创造性活动才能结合以往的经验，根据预定的目的和计划，并根据实践经验形成创造性的货币新形象。

货币幻想。货币幻想是指与一个人生活愿望相联系的，对未来的想象，是人所期待的货币形象。它常常是创造性活动的准备阶段，是指向未来的人的愿望，是一种符合事物发展规律、有实现可能的积极的幻想。这在货币支付的方式上表现得很明显，最初人们大额的商品交易伴随着大量的现金支付，既费人力、物力，又很不安全。经过银行工作者几代人的努力与想象，支付结算改为通过银行进行，现在更加现代化，以金融电子化网络为基础，以通信技术为手段，通过计算机网络系统实现货币流通和支付，使货币流通形式更为灵活、便捷、安全，为经济发展带来了新活力。

货币想象的另一种表现是货币空想，这是指与客观现实和客观规律相违背的，根本不可能实现的空想，是脱离现实的，对人起着消极作用，最后使人一事无成，甚至有的是违法的货币想象，会给自己和家人带来极大的危害。

3. 货币想象的作用

货币想象不仅在人们的实践活动中有很大意义，而且在人们的精神生活中也起着重要作用。

第一，预见功能。人类活动的特点是具有预见性和计划性，也就是说，人能实现对客观现实的超前反映。人类的任何货币行为都会先在大脑中形成未来货币行为的过程和结果，并利用货币想象指导和调节货币行为，实现预定货币行为的目的和计划。

第二，补充功能。在现实生活中，由于空间、时间及人类感觉器官的限制，有许多事情是人们不能直接感知的。货币交换也是这样，但借助于货币想象，就有可能弥补这个不足，从而超越个人狭隘的经验范围。因为在现实生活中，许多事情人们不可能直接感知到，或者是遇见过的，甚至这是不可能的，但借助于想象就可能弥补人类认识的不足，从而对客观世界有更充分、更全面、更深刻的认识。通过货币想象能够弥补这种实践的不足，因此货币想象具有补充功能。

第三，代偿功能。由于各种条件、因素、机遇的限制，人们的有些需求和愿望在现实生活中很难得到满足和实现，这常常引起人们的苦恼和痛苦，而货币想象能使人们在心理上得到一定的补偿，例如，今年工资没有得到调整，想象明年一定能够涨工资，以此来消除自己心理上遇到的挫折感，实现心理上的平衡。

（七）货币思维

1. 货币思维的特征

人不仅能够认识事物和现象的外部联系，而且能够认识事物和现象的内在联系与规律。这种认识是通过思维过程来进行的，思维不同于感觉和知觉，但又是在感觉和知觉的基础上发展起来的。思维是一种更高级、更复杂的认知活动。货币思维是一种极为复杂的心理现象，是人脑对货币的属性及其规律的概括和反映。

货币思维具有间接性、概括性、深刻性三个特征：

（1）货币思维的间接性

货币思维的间接性是指货币思维是在自己已有货币行为实践经验的基础上，以其他事物为媒介来认识货币。因为在现实世界中，有许多现象依靠自己的感知是无法直接反映的，但是，通过思维可以根据已有的知识和经验，借助其他事物，经过头脑加工，间接地认识这些事物或现象。货币思维的间接性体现在以下三个方面：第一，通过一事物认识其他事物，实现认识过程中的由此及彼。例如，通过普通商品认识货币，货币不仅能够和一种商品交换，而且可以和任何商品进行交换，这反映了货币是特殊商品，是在货币交换中起一般等价物的作用。

第二，通过事物的外部现象认识其内在的、必然的联系、变化和规律，实现对事物由表及里的认识。一切普通商品都是有价值的，都是人类劳动的结晶，货币能够和商品相交换。虽然纸币本身没有价值，但是，它是代表人类必要劳动的价值符号，如此才能起到一般等价物的作用。

第三，通过看书阅报以及与别人交流来认识货币，摆脱自己对货币的狭隘认识，正是借助货币思维的间接性，才使我们摆脱人的感官和时空的限制，延伸和超越感知的局限，了解过去，认识现在，展望未来。

（2）货币思维的概括性

思维的概括性是指通过抽取同一类事物共同的本质特征和事物之间的必然联系来反映事物，由于这一特性，人们能够通过事物的表面现象和外部特征认识事物的本质和规律。货币思维的概括性也是如此，通过人与人之间的货币交换、货币关系、货币行为表面现象认识货币，由表及里，由现象到本质，认识货币的本质及其规律。人不仅有自己的货币行为的实践，而且有货币知识和经验，人的货币知识、经验越具概括性，人对货币本质及其规律的认识越全面。

（3）货币思维的深刻性

货币思维的深刻性是指货币思维的深度、广度和难度，思维活动的抽象和逻辑推理水平，内部和外部的表面联系，能够深刻理解货币概念、原理，分析问题周密，以及对实践经验进行反思。思维的深刻性来源于对实践的反思，利用现象与本质之间的因果关系，透过现象看本质，揭示货币本质及其运行规律，并对已有的实践经验进行反思和总结，形成可实践的思维活动，引导以后的货币心理和货币行为。

货币思维的间接性、概括性、深刻性是相互联系的，人之所以能够间接地反映事物，是因为人有概括性的知识和经验，而人的知识和经验越具概括性，就越能间接地反映客观事物。正是因为思维具有间接性、概括性、深刻性，它在人的生活实践中有着十分重要的意义。它使人的认识范围不断扩大，不仅使人能够认识现在，而且可以回顾过去和预见未来；它能够不断提高人的认识深度，不仅使人能够认识货币行为，而且能够认识货币的本质及其运行规律；它不断提高人对货币行为认识的深度，不仅能够使人掌握货币知识，认识货币规律，而且能够认识货币本质及其规律，指导人的货币行为。

2. 货币思维的分类

货币思维可以从不同的角度进行分类。

（1）根据货币思维过程中凭借物的不同，可以将货币思维分为货币的直观动作思维、货币的形象思维和货币的逻辑思维。

货币的直观动作思维。货币的直观动作思维是指凭借直接感知，伴随实际动作进行的思维，一边动作，一边思维，解决问题的方式依赖实际的操作，所以，又称为实践思维。例如，到商店去购买一种商品，过去花 98 元，现在要花 100 元，只有通过实际的商品购买活动，才知道这种商品价格上涨了，这就是货币的直观动作思维。

货币的形象思维。货币的形象思维是指以事物的具体形象和表象为支柱的思维。它是指虽然事物不在眼前，但在人脑中出现这种事物的形象来进行思维活动。例如，在我家不远的地方有两家名称不同的银行，当我要去存款时，两家不同名称银行的形象就出现在我的眼前，经过我的考虑，我选择了服务态度比较好的一家去存款，这就是形象思维。

货币的逻辑思维。货币的逻辑思维是指当人们面临货币理论性任务时，要运用货币概念及分析、推理等方式来解决问题，这种思维就是货币的逻辑思维。例如，老师向学生传授货币知识、介绍货币理论等，这是货币的逻辑思维的典型形式。

（2）根据货币思维的结果是否经过明确的思考步骤和对过程是否有清晰的意识，可将货币思维分为货币的直觉思维和货币的分析思维。

货币的直觉思维。货币的直觉思维是指人们在日常经济生活中，面临新的问题、新的情况，能够迅速作出判断的思维活动，这是一种直接领悟性的思维活动。例如，查水电表的工作人员告诉住户这个月的水费是多少、电费是多少，住户就能按时足额缴纳水费、电费。货币的直觉思维具有快速性、跳跃性等特点。

货币的分析思维。货币的分析思维是指人们遵循严密的逻辑规律，逐步推导，最后得出合乎逻辑的正确答案或作出合理结论的思维活动。比如，对物业管理公司收取物业管理费时，住户应该按时缴纳。

（3）根据货币思维探索目标的方向不同，可将货币思维分为货币的聚合思维和货币的发散思维。

货币的聚合思维。货币的聚合思维又称求同思维、集中思维、辐合思维。货币的聚合思维是指把问题所提供的各种信息聚合起来，朝着同一方向得出一个正确答案或最佳思维方案的思维活动，其主要特点是求同。这种思维方式是利用已有的货币知识和经验或传统方法来解决问题的一种有方向、有范围、有组织、有条理的思维方式，只有当问题得出一个正确答案或一个最好解决方案时，才能出现聚合思维。在开始进行这种货币思维时，思维者并不知道这个答案，只不过是把各种货币信息重新加以组织整理，从错综复杂的问题情况中找出一个最佳的解决方案。例如，房东提出房租要上涨，每月涨多少，各个地段不一样，经过房东和住户再三调查、比较、协商，最后得出一个解决房租上调的方案。

货币的发散思维。货币的发散思维是指人们沿着不同的方向思考，重新组织当前的货币信息和记忆系统中存储的货币信息，形成大量、独特的新思想。这种思维方式在解决问题时，可以产生多种答案、结论或假说。但究竟哪种答案最好，则需要经过检验。例如，人们在日常生活中往往觉得主副食太单调，产生想换换主副食品种的想法，家庭成员口味不同，最后根据调整后的实践经验，得出大致相同的想法。

（4）根据货币思维的创新程度不同，可将货币思维分为货币的常规思维与货币的创新思维。

货币的常规思维。货币的常规思维是指人们运用已获得的知识和经验，按现成的方案和程序直接解决问题。这种思维的创造性水平低，对原有的知识不需要进行明显的改组，没有创造出新的思维成果，因而被称为常规思维。例如，学生阅读关于货币知识的著作，就是记住书中货币的知识，消化书中的货币知识，掌握书中的货币知识。

货币的创造性思维。货币的创造性思维是指重新组织已有的货币知识和经验，提出新的观点或体会，并创造出新的思维成果的思维活动。例如，学生完成金融专业的毕业论文，就需要有创造性的思维和成果。创造性思维是人类思维的高级形式，创造性思维是多种思维的综合表现；它既是发散思维与辐合思维的结合，也是直觉思维与分析思维的结合；它既包括理论思维，又离不开创造想象等。

3. 货币思维过程

人的货币思维过程是通过一系列比较复杂的操作来实现的，总的来说，思维的过程包括分析与综合、比较与分类、抽象与概括、具体与系统化等。

（1）分析与综合

分析与综合是思维过程的基本环节，一切思维活动，从简单到复杂，从概念形成到创造性思维，都离不开头脑的分析与综合。分析是在头脑中把事物的整体分解成为各个部分、方面或个别特征的思维过程。例如，我们在分析货币在经济中的作用时，可以分析在生产、流通、分配、交换中的作用，然后综合成货币在整个经济中的作用。

综合是在头脑里把事物的各个部分、方面、各种特征综合起来进行考虑的思维过程。还用上面举的例子，先把货币的作用分别在经济活动各个环节中进行说明，然后再综合起来，得出货币在整个经济发展中的作用。

（2）比较与分类

比较是在人脑中把各种事物或现象加以对比，确定它们之间异同点的思维过程。人们认识事物，把握事物的属性、特征和相互关系，都是通过比较来进行的，只有通过比较，区分事物的异同点，才能更好地识别事物。人们在最初认识货币的起源时，就是通过比较与分类，认识到货币是商品，但是不是普通商品，是商品世界中的特殊商品，具有一般等价物、社会财富的代表的作用。

分类是在人脑中根据事物或现象的共同点和差异点，将它们区分为不同种类的思维过程。分类是在比较的基础上，将有共同点的事物划为一类，再根据更小的差异将它们在同一类中划分不同的等级。例如，当我们到货币史展览馆观看货币的起源和发展的历史时，我们通过比较与分类对货币进行划分，能够发现货币最开始是普通商品，后来发展为铸币，最后发展为银行券和纸币，它们是不同的货币形式。

（3）抽象与概括

抽象是在人脑中把同类事物或现象共同本质的特征抽取出来，并舍弃个别的非本质的特征的思维过程。上面举的例子就是这样，贝壳、粮食、布匹等都曾经充当过货币，最后才发展到纸币，它们都是货币，具有一般等价物、财富代表的属性。

概括是在人脑中把抽象出来的事物的共同的、本质的特征综合起来，并推广到同类事物中去，使其普遍化的过程。上面举的货币发展史的例子就是这样的。

（4）具体化与系统化

具体化是指人脑中把抽象、概括出来的一般概念、原理、理论同具体事物联系起来的过程，也就是用一般原理去解决实际问题，用理论指导实践活动的过程。具体化是把货币的理论与实践结合起来，把一般与个别结合起来，把抽象与具体结合起来，可以使人更好地理解货币知识，检验货币知识，使人对货币的认识不断深化。

系统化是指在人脑中把学到的知识分门别类地按一定程序组成层次分明的整体系统的过程。例如，金融专业的学生到金融部门实习，把看到的、学到的业务按照货币流通、信贷、结算等分门别类地系统化，以便更好地理解、掌握金融业务。

（八）货币语言

1. 货币语言的特点

语言是人类拥有的一种非常神奇的能力，它使人们能相互交流思想、情感，更好地保存和学习前人积累起来的社会历史经验，分享丰富多彩的人类文明，从而更好地推进物质文明和精神文明建设。

语言是用于人与人之间交流的，货币语言适用于人们之间的货币交换、货币关系，是人们之间关于货币信息、经验和体会交流的语言。货币语言包括货币的概念、货币的性质、货币规律、货币作用、货币行为、货币理论等的语言，对于货币理论研究、货币实际工作、人们日常的经济生活都具有重要意义。

货币语言的特点包括目的性、社会性、开放性、规则性。

目的性。货币语言中的每一个词或一句话都有一定的目的，就是使人们能够相互交流、相互理解，达到预定的目的，有利于货币与商品的交换，建立正常的货币关系，建立货币的感情。

社会性。语言是人类社会特有的现象，是人与人之间进行交际的工具，人只能使用社会已经形成的语言，这说明语言具有社会性。货币语言更是这样，必须运用货币、金融中的专有名词、专用概念、专用词句，不然，不仅外行的人听不懂，不能理解，而且业内人士也不能很正确地、很容易地明白。

开放性。人们在交际中使用的句子种类很多，而每个句子都是由声音和单词构成的，因此，语言活动中具有无限扩展语言信息的特点。货币语言也是这样，根据金融工作实践的发展，产生许多新的观点、思想，都需要用新的词组来表达。例如，就“货币”这个名字而言，过去有铸币、纸币等称谓，现在又产生了电子货币、数字货币等新名词、新词组。

规则性。语言活动受语言规则制约，这是因为人在说话、写作时，要按照一定的语法规则才能正确、正常地进行交流，不然，就不能正常地表达自己的意思。货币语言更是这样，更是受到一定规则的约束，只有符合一定规则的货币语言，才是人们在交流时可以接受的货币语言。例如纸币，如果说成币纸就是完全不同的含义了。

2. 货币语言的功能

货币语言具有交际功能、思维功能、调节功能、创造功能。

第一，交际功能。语言交际是人们交流思想、表达感情的过程，是语言活动最重要、最基本的功能。货币语言也是这样，具有在人与人之间进行货币交换、货币关系、货币知识、货币行为交流的功能。

第二，思维功能。人的思维活动都是用语言的概念、词句进行的，人的思维活动表现为提出问题、分析问题和解决问题的过程，思维活动的结果，也是用语言来表达和记录的。货币思维也是这样，也是用语言的概念、词句进行的，货币思维的结果也要依靠语言和文字来表达。

第三，调节功能。语言对人的心理与行为有调节作用，通过语言调节自身的思想、情感、意志、行为；通过人与人之间的交流调节自身及他人心理和行为；通过各种媒体报刊、广播、电视、网络等调节群体的心理和行为。货币语言的调节功能也起到调节自身、他人、群体等心理和行为的作用。

第四，创造功能。在语音交流中，人们使用有限数量的词语和语法规则，就能产生或理解无限数量的语句。这些语句可能是人们以前未说过或听过的，这在金融学科中也表现得很明显，例如，在金融学科的论文、著作中常常出现这些语句。

二、对货币认知构成要素的综合分析

对货币认知构成要素的分析是一步一步深入的心理过程。从货币感觉、知觉、注意、表象、记忆、想象、思维到语言，是从具体到抽象，从直接到表象，从感性到理性，从具体到抽象的思维过程。通过对货币认知过程的分析能够进一步掌握人的心理过程以及货币行为的心理过程。

构成货币认知的八个主要要素是相互联系的，是缺一不可的整体，没有感觉就不会有知觉，没有注意就不会有记忆，没有想象就不会有思维，没有思维就不会有语言，构成整个货币认知的八个主要要素是密切联系的，缺一不可。

构成货币认知的八个主要要素各自在货币认知构成中发挥自己独有的作用。只有八个要素组合在一起，才能形成完整的货币认知。人们只有清楚地认识和把握货币认知的各个主要要素，才能掌握什么是货币认知，这八个主要要素是认识货币的出发点。

货币认知既是客观的，又是主观的。货币认知是客观的，是指货币认知是以上八个主要要素构成的整体，是缺一不可的，是密切联系的，是人脑中客观存在的，是人脑机能对货币的反映。但货币认知又是主观的，这是由于货币认知由八个要素构成，每个人的看法不同，理解不同，主客观条件也不同，往往得出对货币认知的不同看法，从而产生不同的货币心理和货币行为。

复习思考题

1. 什么是货币认知？货币认知由哪些主要要素构成？

2. 货币认知八个要素的相互联系表现在哪些方面？为什么说货币认知是一个统一的整体？

3. 你对构成货币认知的八个主要要素有什么看法？有什么补充？

4. 货币认知在人的心理和行为上占有什么地位？

5. 语言为什么也是构成货币认知的主要要素之一？

6. 为什么说货币认知既是客观的又是主观的？

第二章　货币心理

在人们的日常生活中，人离开货币，货币离不开人。人与货币究竟是什么关系呢？有的人说，生活离不开货币，但是，人也不能为货币活着；有的人说，货币是好东西，也是坏东西；有的人说，人与货币的关系很神秘；等等。这些货币心理时时处处都困扰着人们，这些困惑说明人的货币心理的重要性，也反映出在市场经济条件下，货币心理在人们心理中占有独特的重要地位。

一、货币心理的特征

概括来说，人的货币心理具有以下十个特征。

（一）货币心理的重要性

货币心理在人们的心理中占据特殊重要的地位。但是在绝大多数情况下，这种心理活动是不经常被提起的，人们只是偶尔会流露出一两句。这是因为怕别人说自己财迷心窍，但是，其在心理上处于非常独特的重要地位，所以，货币心理具有特殊的重要性，其在人们心理上是隐蔽的。绝大多数人的货币心理认为货币是非常重要的，是宝贵的，是吸引人的，有了货币什么事情都好办。货币在人的生命中是非常重要的，货币能代表一个人取得的成就，有货币的人在社会上受到别人的尊重。有货币使自己有安全感，使生活感到自由。当然，这种独特的重要性，对每个人来说是不同的，这是因为每个人所处的环境不同、工作不同、学历不同、经历不同等。但是，共性是主要的，差别性是次要的，这就是货币心理在人们心理上的重要性。

人的货币心理的重要性是在市场经济条件下，货币重要性在人们心理上的反映。心理是人脑对客观现实的主观反映，客观现实是人的心理活动的源泉和内容，人的心理是对客观现实的能动反映。正因为货币在市场经济条件下的重要性反映在人的心理上，所以货币心理在人心理上占有特殊重要的地位。这是因为在市场经济条件下，货币是经济活动的核心，市场经济要求通过市场配置社会资源，市场是商品和劳务交换的场所。经济活动遵循价值规律的要求，适应供求关系的变化，通过价格杠杆和竞争机制，把资源配置到效益最好的环节中去，使企业实现优胜劣汰，应用市场各种信号反应灵敏的特点，促进生产和需求的及时协调，促进经济高质量发展。

根据上述市场经济的性质、货币的本质和作用，可以得出货币是经济活动的核心，理由有五：

第一，在市场经济中，商品的价值决定于该商品的社会必要劳动时间，各种商品均以各自的价值量为基础实行等价交换，商品所包含的社会必要劳动时间，不能直接用社会必要劳动时间来表示，只有通过货币与商品的交换间接地表现在货币上，商品的等价交换也只能反映在货币上，所以，商品的价值表现和交换都离不开货币，货币成为市场经济的核心。

第二，在市场经济中，竞争的实质就是商品生产者劳动消耗的比较。市场经济中各个利益主体为了获得最大的经济效益，通过互相竞争获取有利的投资场所和销售条件，最大的经济效益也是通过货币来比较的。市场竞争是经济效益的竞争，是围绕着获取多少货币这个核心的竞争，所以，货币是经济活动的核心。

第三，在市场经济中，供给与需求的均衡形成商品的市场价格，并通过价格调节社会生产和需求，最终实现商品供求之间的基本平衡。当商品供给大于商品的需求时，商品的价格就下落；当商品的供给小于商品的需求时，商品的价格就上涨。商品的价格是商品价值的货币表现，通过商品价格来调节市场的供需，实际上是通过货币来调节市场的供需，这里调节的核心是货币，所以，货币是经济活动的核心。

第四，在市场经济条件下，货币数量的多少、适不适应经济发展的要求，直接影响币值的稳定。币值的基本稳定、最适度货币数量是经济高质量发展的必要条件。如果货币供应量适应货币需要量，保持经济发展中最适度的货币数量，货币币值就稳定；反之，如果货币供应量大于货币需求量，不能保持最适度的货币数量，货币就贬值。货币数量直接影响经济的高质量发展，所以，货币是经济活动的核心。

第五，货币是联系生产、分配、交换和消费的纽带，没有货币交换就没有市场经济的正常运转，就没有经济的高质量发展。各个国家通货膨胀的历史充分证明，在通货膨胀期间，货币作为联系国民经济的纽带变成了“纸带”，社会生产、分配、交换和消费都受到很大的影响。所以，货币是市场经济的核心。

从以上分析可以得出，货币是经济活动的核心，这关系着社会资源的有效配置，关系着经济的高质量发展，关系着人们的日常经济生活。因此，人们在日常生活中时时处处都感觉到货币的特殊重要性。人们心理上货币的特殊重要性正是市场经济中货币特殊重要性的反映。

（二）货币心理的常态性

货币心理的常态性是指人们货币心理的正常状态，也就是普遍存在的货币心理状态，经常会出现的货币心理状态，许多人具有的货币心理状态。我国现阶段还处在社会主义的初级阶段，根据我国当前的经济发展水平，以及我国的文化传统，这种常态性的、普遍性的货币心理可以概括为八个字：按劳、等价、多挣、节俭。

按劳。即按劳分配，按劳分配是分配个人消费品的社会主义原则，即在社会主义生产资料公有制的条件下，对社会总产品作各项必要的社会扣除以后，按照个人提供给社会的劳动数量和质量分配个人消费品。在社会主义社会，由于社会生产力发展水平还没有达到产品极大丰富的程度，工农业之间、城乡之间、脑力劳动和体力劳动之间还存在差别，劳动还未成为人们生活的第一需要，只能实行社会主义按劳分配原则，这个分配原则主要是在生产资料公有制、集体所有制实行。我国实行按劳分配为主，多种分配方式并存的分配制度。民营和外资企业实行按要素分配，包括按劳动、资本、技术、管理、信息、土地等进行分配。

按劳分配是中国特色社会主义制度下的分配原则，这是大家愿意接受的，所以，消费品实行按劳分配是人们心理的正常状态、普遍状态，这是人们愿意接受的心理状态，具有货币心理的常态性。

等价。即等价交换，等价交换是货币交换的根本原则，不同使用价值的商品按照它们各自的价值量进行交换。商品所有者和货币所有者双方经过讨论还价达成交换，这种自愿的商品与货币的交换就是等价交换，或者经过历史上无数次的讨价还价达成的商品与货币的交换，大家都认为这种交换是公平的、等价的、自愿的。这种交换是客观的，反映在人们的心理上是被普遍接受的，是正常状态心理的货币交换，具有货币交换的常态性。

多挣。即多挣货币，因为在市场经济条件下，货币具有特殊重要性，货币在质上是无限的，有货币就可以购买任何商品，也就是说，货币可以转化成任何商品；但是，货币在量上是有限的，即每个人所拥有的货币是有限的，所以，多挣货币，这是人们一种常态性的心理，人们都愿意多挣货币，提薪升级、增加奖金，人人都喜欢，人人都高兴。不仅如此，有的人还千方百计地想办法换单位、部门，调动工作，或者另谋职业来多挣货币。所以，多挣货币是人们的常态心理，是普遍喜悦的心理，是兴奋的心理，是向往的心理，是常态的心理。

节俭。即生活上节省，生活上节省、节约、俭朴，反对铺张浪费、奢侈、挥霍，这是生活上的一种美德，是中国优秀的传统文化，是提升思想道德素质的一个重要途径。节俭是人们普遍愿意接受的，许多家庭保持了这种优秀的传统文化，而且教育下一代要继续保持这种传统文化，这种传统文化形成的人们心理，是人们的常态心理。

（三）货币心理的劣根性

货币心理的劣根性可以概括为八个字：贪婪、暴发、欺骗、奢侈。

贪婪。即对货币贪心、贪念、渴望而不知足。这种人赚货币已经达到了自己付出的极限，即根据自己向社会提供的劳动的质量和数量，已经拿到了货币报酬的极限。但是，这种人心中不满足，还不是一般的不满足，而是想挣超过自己提供的劳动许多倍的货币，渴望货币没有止境，对货币贪心而不知足，中国有句谚语：“人心不足蛇吞象”，描述这种人贪婪的形象。

暴发。即突然发财，赚到了许多货币，可能使用不正当的手段，甚至用阴谋诡计，或者由于意外的机会赚了许多货币。在市场经济条件下，通过竞争实现优胜劣汰，经营者通过努力，得到接近市场平均利润率的收益。但是，一些暴发户提出只有暴发才过瘾，这些人的内心深处存在暴发的怪癖，因此提出这种赚钱的论调。这种怪癖的论调最终会把自己引上追求货币的邪路。

欺骗。即用虚假的语言、信息或行为，掩盖事实的真相，出卖自己的灵魂，出卖自己的人格、良心赚取货币，这些人的内心里认为货币是宝贵的，货币是引人入胜的，有货币可以购买一切商品，有货币可以享受荣华富贵。这些人采取欺骗的手段，使别人遭受不应有的损失。在现实生活中，有的工程偷工减料，有的产品以次充好，有的商品质量低劣，有的商品出售时已过期；有的人用虚假广告、虚假宣传，使人上当。总之，弄虚作假，欺骗别人，让消费者遭到损失，自己赚到货币，这种卑鄙的货币行为，迟早要被消费者发现，最后自己也受到损伤。

奢侈。即生活上追求过分享受，花天酒地，大手大脚地花货币、比阔气、讲排场，铺张浪费。这种挥霍货币的行为，又往往与权力相结合，花费公款，追求奢侈生活，腐化堕落，最后终将受到法律的制裁。

货币心理的上述劣根性只存在于极少数人的心理上，但是，其对社会的危害性却极大，这些人如果不猛醒，不悔悟，不提高认识，不能逐步去掉上述心理上的劣根性，任其发展下去，则必然会成为“苍蝇”“老虎”，沦落为人民的罪人。

（四）货币心理的突破性

货币心理的突破性是指少数思想道德先进的人，在心理上突破了几千年来货币私有制的观念，把自己腰包里的、保险箱里的货币捐献出来，帮助他人，现实社会生活中有许多这方面可歌可泣的动人故事。例如，2008 年发生汶川大地震，2020 年武汉发生新冠疫情，全国人民纷纷拿出自己腰包里的货币，海外侨胞也纷纷捐款，支援灾区疫区人民。

在日常生活中，少数思想道德先进的人拿出自己的货币，资助困难学生上学，有的还设立奖学金，有的帮助经济上困难的群众治病就医，献出自己的爱心，有的成立各种慈善助人的基金会，把同情心、爱心撒向困难的群众，把爱心撒向人间。这些思想道德先进的人全心全意地做慈善事业。

西方国家的有识之士同样献出自己的爱心，献出自己腰包里的货币，有的把自己每年赚来的货币拿出一部分进行捐款，有的出于同情心、怜悯心，向穷人捐款，有的对慈善事业进行捐款，有的成立各种基金会从事慈善事业等。

货币心理的突破性使人捐出自己腰包里的货币，把爱心传递给别人，将爱心、同情心、怜悯心撒向人间，这有助于构建和谐社会，构建文明社会，构建人间的无限希望。同时也给自己的心理带来无比的快乐，这种内心的快乐充满人间的真情，充满人间的热情，充满人间的动情。

货币心理的突破性，突破了几千年来货币私有制的观念，货币捐献者在捐献过程中产生了更多、更强的快乐，这种快乐发生在自己内心的深处，这种快乐是世界上最珍贵的，是无价之宝，比赚到任何数量的货币更快乐。所以，货币心理的突破性，突破了几千年来货币私有制的观念，给人们留下了终生难忘的快乐，使自己的思想、心理达到一个新境界！

（五）货币心理的权势性

在旧社会里，少数人有权有势，多数人无权无势。自从货币与商品产生以来，货币就和权势发生了密切关系，在市场经济中，货币与权势的关系蒙上了一层文明的面纱。但从实质上看，货币与权势仍然是密切联系在一起的，是不可分割的，货币代表了权势，所以，人们的心理上产生了货币的权势性。

在企业里，职工和企业主在政治上处于平等的地位，职工根据企业经营的发展情况按劳取酬。但是，企业主往往有意无意地表现出自己的权势，这种权势有的是明显的，有的是隐秘的，有的是正当的，有的是不适当的，但是，在职工的心理上，企业主是有权势的。

在日常生活中，货币的权势性表现得也很明显，例如，旧社会有钱人雇用保姆等，有钱人就可以支配他人，为自己和家庭服务，如果保姆伺候主人不到位，雇主就可以训斥人，这里货币的权势性就表现得很明显。

在人际关系上，货币的权势性往往也表现得很明显。有钱的人往往显示出自己有权有势的姿态，“凡是能用钱解决的问题，就不是问题”，显示出货币的权势性，甚至在看人的目光中也闪耀出有权有势的姿态。

货币心理上的权势性是几千年来旧社会货币带来的心理现象，是旧社会带来的心理痕迹。在中国特色社会主义制度下，人民当家作主，不是货币当家作主，货币权势性这种个人心理，应该逐步更替为人民当家作主的心理，这样才能适应社会新生活，才能保持个人心理的常态性。因此应该逐步去除旧社会遗留下的货币心理的权势性。

（六）货币心理的尊重性

尊重性是指别人对自己很尊重，表现得彬彬有礼，表示出敬意和礼貌。在市场经济中，有了更多货币的富人往往受到别人的尊重，这些人心中感到很喜悦，觉得高人一头。在日常生活中，货币多与受人尊重是很难分开的，两者是密切联系的，所以，货币心理的尊重性是人们普遍的货币心理。

有的人在心理和行为上还表现出对那些尊重自己的人花钱很大方，这是为了使这些人能够更多地、更持久地尊重自己；有的有钱人买不急需的高档商品，穿戴名牌衣服和鞋帽，这是为了获得人的尊重；有的给亲戚朋友赠送贵重的礼品，这是为了表现自己有钱，受到别人尊重；有的人相信货币多能证明自己的才能和成就等，这些都反映了货币心理的尊重性。

货币心理的尊重性也是旧社会遗留下来的心理痕迹，在中国特色社会主义制度下，并不是有钱就能得到广大人民群众的尊重，而是那些不计较个人得失，更不计较获得货币多少，通过自己的辛勤劳动和艰苦奋斗为社会作出重要贡献的劳动者，才能受到人民群众的普遍尊重。

（七）货币心理的安全性

货币心理的安全性是指预测、预防、分析自己手中掌握货币的安全性，限制、控制、调节不安全的货币行为，确保自己现有的货币、银行存款、其他资产等的安全。银行存款、其他资产安全是自己心理上安全感的基础。自己银行存款有多少，其他资产有多少，自己心中的安全感就有多少。在人们的心理上货币、银行存款、其他资产有多少是一清二楚的，在人们的心理上，没有其他物品比这些更加清楚，货币、存款、其他资产数量减少了，自己心理上的安全感就下降了。

在市场经济条件下，人的心理上的安全感是和货币密切联系的。掌握的货币多少是决定一个人心理安全感的重要因素，因为它能满足一个人现在和将来各种生存、生活的需要。这是一种心理上比较稳定的感觉，是一种心理上安全感持续的状态，是一种可以放心，可以舒心，可以依靠，可以相信的心理，所以，货币具有安全性。

但是，人们应该从心理上更清楚地、更深层次地认识到，保证自己安全的，不仅是货币，更重要的是自己要艰苦奋斗，努力劳动和工作，为社会、为集体多作贡献，这才是自己安全的真正保证。

（八）货币心理的社交性

社交是指社会交往，在一定的心理活动下，人们需要相互往来，进行精神、思想上的交流。社会交往包括个体交往、群体交往、直接交往、间接交往以及竞争、合作、聊天等，传递信息，交流思想，以达到一定的目的。当今时代经济和社会环境瞬息万变，使人与人之间交往更密切，也显得更重要。

社交是在一定的心理活动下出于获得利益的需要，利益需要是和货币密切联系的。人们要通过社交获取获得货币的机会，这样才能满足生存和生活的需要，所以，货币心理具有社交性，社交离不开货币，货币离不开社交。

在人们的社交中，通常只有先花货币才能得到获得货币的机会。人们对社交中要先花货币往往产生三种不同的心理：第一种心理是在社交中自己尽量少花货币，节俭为重，生怕社交中花出去的货币，打了水漂，收不回来。在这种心理的指导下，社交对于获取获得货币的机会一般是不起作用的。

第二种心理是在社交中，经过掂量，只花出去必要的货币。在这种心理的指导下，社交可能产生获取货币的机会，先花出去货币，可能获取获得货币的机会，也可能没有获取获得货币的机会，多认识了几个朋友。

第三种心理是在社交中花货币很大方，要使对方高兴、满意，花货币带来了相互之间的友情。

上述三种心理会产生什么结果呢？在人们的实际生活中，许多事例证明：第一种人在社交中很节俭，心理上认为社交和货币离得很远，结果是货币离社交也很远，别人不愿意和这种人交流，因此达不到社交的目的。

第二种人社交的结果是一般的、表面的、不深入的，既然社交中花的货币是一般的，社交带来获得货币的机会也是一般的、表面的、不深入的。

第三种人在社交中花货币比较大方，这种人比较热情，比较活跃，别人愿意和这种人交流，所以，这种人能够接触到更多的人，能够获取更多获得货币的信息，能够获得更多的获取货币的机会。

根据以上分析，对心理上货币的社交性必须要有充分的认识。只有具有这种社交的货币心理，才能给自己带来更多的获取货币的机会。但是，更重要的是要通过社交，相互交流好思想、好人品、好人格、好道德，不然的话，即使社交中花出去再多的货币，最终也是一场空，也要打水漂，也不会有获得货币的机会。

（九）货币心理的隐蔽性

货币心理的隐蔽性是指把自己的货币心理和货币行为隐藏起来，不让别人知道，不透露任何信息，不让别人发现，即使面对自己最亲近的人、最信任的人，这就是货币的隐蔽性。

在人们的日常生活中，有不少人存在这种货币心理和货币行为，有的家庭就是因为货币心理和货币行为的隐蔽性而发生了纠纷，产生了矛盾，争吵得很厉害。例如，夫妻之间，女方没有家庭负担，男方有家庭负担，男方需要每月给父母寄钱，寄多少钱？夫妻之间经常发生纠纷，于是，男方想方设法从其他渠道获得的收入中拿出一些钱寄给父母，这是利用了货币心理的隐蔽性，这种方法暂时看来隐蔽了自己的货币心理和货币行为，隐蔽得很严密，但是，一旦被妻子发现，两人争吵得将更厉害，甚至会影响到夫妻感情。

再如，有的丈夫或妻子对外投资，运用货币心理和货币行为的隐蔽性，不让对方知道，但是，一旦投资出现亏损，夫妻之间会争吵得更厉害、更激烈。

在企业之间、单位之间、上下级之间、同事之间、合作伙伴之间，也有人利用货币心理和货币行为的隐蔽性，隐蔽自己的货币心理和货币行为，但是，最后一旦被发现，将造成企业生产、经营上的更大损失。

根据以上分析，在家庭、企业、单位，以及在合作伙伴之间，有的人利用货币心理的隐蔽性，达到自己不可告人的目的，但结果造成家庭、企业、单位、合作伙伴很大的损失，产生了极不好的后果，这就是货币心理的隐蔽性造成的危害。

综上所述，货币心理的隐蔽性具有极大的伤害性，有货币心理和货币行为隐蔽性的人，一定要认识到货币心理的隐蔽性的危害。世界上没有不透风的墙，一定要堂堂正正地做人，光明磊落地做人，清清白白地做人，有什么困难和问题，都要摆在桌面上，大家共同协商，共同想办法，共同解决，这样才能使家庭、企业、单位、合作伙伴之间增进相互了解，增进感情，向着共同的目标奋斗，才能带来快乐，去掉烦恼。

（十）货币心理的变化性

货币心理的变化性是指货币心理随着时间或空间的变化而变化。由于外在条件或内在条件的变化，人的货币心理也会产生变化，甚至是每时每刻都产生变化，货币心理变化是一个动态的过程，这是人们货币心理的特征。

人的货币心理不是孤立存在的，而是和自身的内在条件和外在条件密切联系的，这种联系是复杂的、多种多样的，有直接的联系和间接的联系，有本质的联系和非本质的联系。分析人的货币心理一定要采用事物普遍联系的观点，要从人的家庭出身、学校教育、所在的企业或单位及合作人的普遍联系中分析人的货币心理的变化。

对于人的货币心理的变化要从货币心理的量变到质变进行分析。量变和质变是货币心理两种形式或两种状态的变化。量变表现为微小的、不显著的货币心理变化，在量变的过程中就应该引起人们的注意，如果是朝着好的方向变化，要鼓励这种货币心理的变化，如果是向着不好的方向变化，则要寻找原因，采取措施，使其向着好的方向变化。质变是货币心理的根本变化，是一种货币心理向另一种货币心理的根本变化，往往是人们的表情、状态、货币行为上出现显著的、根本性的变化，使人看了吃惊。例如，在企业、事业单位的工作人员突然提出要辞职，合伙人提出散伙，夫妻要离婚，等等，这些就是货币心理的质变造成的。在货币心理量变到质变的过程中，存在部分的质变。部分的质变就是局部的、不显著的变化，如果是朝着不好的方向的部分质变，就要及早地加以制止并作出改变，不能使这种货币心理的变化继续下去，要防止质的根本变化。

从以上分析可知，在货币心理的变化过程中，人们一定要注意其是向着好的方向变化，还是向着坏的方向变化，在量变的过程中要特别注意部分的质变，如果是向着不好的方向的部分质变，则要尽早寻找原因，提高认识，采取措施，使人的货币心理向着好的、正确的、充满希望和活力的阳光大道变化。不然，就会给自己造成不可想象的严重损失和不利的结局。

二、对货币心理特征的综合分析

人的心理来源于外在物质的存在，是外在物质对人的刺激，产生了人的心理活动，物质是第一性的，人的心理是第二性的。在市场经济条件下，由于货币对人的作用，产生了货币心理，没有货币就没有人的货币心理，有了货币的客观存在，必然产生个人的货币心理，不仅如此，货币在市场经济中发生特殊的重要作用，因此，货币心理在人的心理上具有特殊重要的作用。分析研究人的货币心理不仅具有理论意义，而且具有普遍的、重要的实践意义，这就是货币心理的第一个特征，即人的货币心理的重要性。

人的心理特征是人的心理活动中经常出现的、稳定地表现出来的特点，它是在人的生理素质的基础上，并在一定的历史条件下，通过社会实践活动逐步形成和发展起来的，集中地反映了人的心理的特点。上述几种货币心理之间是密切联系的，是不可分割的，货币心理的常态性和劣根性反映了社会主义初级阶段的货币心理的特征，这是社会主义初级阶段货币心理的基本特征，货币心理的突破性、权势性、尊重性、安全性、社交性是从多个方面对货币心理常态性、劣根性的补充和充实，形成了一个全面的、系统的、完整的市场经济条件下人的货币心理体系。

人的货币心理是在货币的作用下，在一定的时间内发生、发展的过程。货币心理的隐蔽性和变化性就是反映了人的货币心理的这个过程，所以，货币心理的上述特性与货币心理的隐蔽性和变化性也是密切联系的，要从发展变化中研究人的货币心理。从货币心理的隐蔽性来研究货币心理。货币心理的隐蔽性不是人的心理活动的一般性隐蔽，而是在货币心理上表现得很突出、很独有的隐蔽。

货币心理的重要性，指出了在市场经济条件下货币心理在人们心理上的特殊重要地位。货币心理的常态性、劣根性概括了在市场经济条件下人们最普遍的货币心理，其中常态性是绝大多数人的货币心理，劣根性是极少数人的货币心理。研究货币心理的常态性和劣根性的目的和任务，就是要扩大人们货币心理的常态性，提高货币常态性心理的素质、品质，减少和逐步消除货币心理的劣根性。货币心理的变化性告诫人们，货币心理要朝着好的方向发展，减少或消除货币心理向坏的方向发展。人们的货币心理朝着好的方向发展，就会给人们带来心理上的快乐和幸福；人的货币心理朝着坏的方向发展，就会给人们的心理带来烦恼和痛苦。

三、货币核心论

基于以上对市场经济性质的分析以及对货币在市场经济中特殊重要性地位的分析提出货币核心论。这个理论系统地阐述了货币的地位、作用、内容、双核心、新内涵、新领域、新境界。

市场经济要求通过市场配置社会资源，社会资源要遵循价值规律的要求，通过价格杠杆和竞争机制进行配置，这些都要通过货币进行，围绕着货币实现；社会资源的配置要通过等价交换来实现，等价交换也是围绕着货币这个核心；通过竞争机制要获得最佳的经济效益，最佳的经济效益也是围绕着获得更多的货币这个核心；商品供给与需求的平衡关系引起价格的变动，这也是围绕着货币数量进行的；社会再生产中的生产、分配、交换、消费之间的联系纽带是货币。通过对以上市场经济几个主要方面和领域的分析，可以得出货币在市场经济中处于核心地位这个结论，这就是货币核心论。

人们心理的产生依赖于物质的存在，物质是第一性的，人的心理是派生的，货币是经济活动的核心，货币也是人们心理上的核心。上述十个货币心理的特征也充分、系统、全面地论述了货币心理在人们心理上的核心地位。

货币是市场经济的核心，货币心理是人心理上的核心，这两个核心是统一的，不可分割的整体。货币是经济活动的核心，是货币心理在人们心理上占核心地位的基础；货币是人们心理上的核心，是市场经济中货币这个核心在人们心理上的反映。“双核心”是不可分割的，这里货币是第一性的，货币心理是派生的，是货币在人的心理上的反映。

货币核心论开创了货币理论研究重要的全新的领域。货币不仅是过去我们已经认识到的客观的经济范畴，对经济、社会产生重要作用，而且货币需要进一步被认识和研究，货币自己是没有长腿的，货币自己是不能走进流通界的，而是人们在一定心理的指引下，把货币投入流通界的。货币心理是人的心理活动的核心，只有深入分析人的货币心理和货币行为，才能更好地发挥货币对经济、社会的作用，只有深入分析研究人的货币心理和行为是否适当，才能更好地检验和识别货币以及金融的实际工作是否正确和适当。过去只是孤立地、片面地按照货币是客观的经济范畴来研究货币对经济社会的作用，这种研究是脱离实际的，是从书本上研究货币对经济、社会的作用，是纸上谈兵。货币核心论告诉人们要将货币的客观作用与人们货币心理的主观作用结合起来，进行双向研究，双向提高，才能使货币对我国经济高质量发展、对实现中国式现代化发挥更好的作用。

货币核心论开创了货币心理在人的心理上研究的新领域、新境界、新前景。只有系统地、全面地、深入地研究人的货币心理，才能使人的货币心理和货币行为对经济、社会的发展发挥更重要的作用，对人们的日常经济生活发挥更重要的作用。货币心理是一个新的研究领域，范围广阔，前途无量。货币核心论就是要使货币的客观作用和货币心理的主观作用双提高、双创新、双收获。

复习思考题

1. 阐述货币心理的重要性。
2. 在市场经济中为什么货币是核心？
3. 什么是货币心理的劣根性，怎样逐步减少和消除？
4. 什么是货币心理的权势性，表现在哪些方面？
5. 为什么会产生货币心理的隐蔽性，有什么危害？

6. 货币是经济活动的核心和货币是人的心理上的核心，两者是什么关系？

7. 为什么说货币核心论开创了货币理论研究和人的心理研究的新领域？该理论有什么理论和实践意义？

8. 你对货币核心论有什么看法？

第三章　货币动机

货币动机是人的货币行为的动力，人的货币行为是由人的货币动机引起的。货币动机引起货币行为的开始、维持、导向和终止的动力，货币动机也是引起、支配、维持和终止人的生理和心理货币活动的内部过程。

一、货币动机的性质和功能

人的货币生理和心理是货币行为的基础。货币动机是由人的货币目标、价值观、意志、兴趣引起和激发的内在心理过程，指导人的货币行为强度和终止。

货币动机在人的货币行为中起十分重要的作用，货币动机既给人的货币行为以动力，又给人的货币行为指明方向。货币动机具有活动性和选择性，动力和方向是货币动机的核心，货币动机对人的货币行为具有激活、指向、维持和调整的功能。

第一，货币动机的激活功能。货币动机是人的能动性的主要方面，它具有发动货币行为的作用，能推动人产生货币行为，由静止状态转向活动状态。货币动机激活力的大小是由货币动机的性质和强度决定的，是由货币动机的目标、任务、兴趣、完成的期限等因素决定的。

第二，货币动机的指向功能。货币动机不仅能激发货币行为，而且能够将货币行为指向一定的目标和任务。货币动机的目标、任务不一样，货币行为要达到的目标和任务也不一样。

第三，货币动机的维持和调整功能。货币动机具有维持功能，它表现为货币行为的坚持性。货币动机激发的货币行为能否坚持下去，同样受货币动机调节和支配。货币动机的维持作用由货币行为与货币动机追求的目标的一致程度来决定，当货币行为与货币动机追求的目标一致时，这种货币行为就会坚持下去；相反，当货币行为背离货币动机追求的目标时，这种货币行为的积极性就会降低，或者完全停止下来。

从以上分析可知，人的货币动机产生了货币行为，没有人的货币动机就不可能有人的货币行为，货币动机是决定人的货币行为的动力。在日常的经济生活中，人的各种货币行为都是受货币动机支配的，货币动机是发动、指引和维持人的货币心理和货币行为的内部心理过程。引起人的货币动机必须有内在条件和外在条件，引起货币动机的内在条件就是人的各种需要，包括人的物质需要和精神需要；外在条件是诱因，人的货币动机和货币行为不仅受到人的内部各种需要的推动，而且也受到外部诱因的拉动，诱因是人们产生货币动机的外部条件。在大多数情况下，人们的货币动机和货币行为是受内在的需要和外在的诱因两个方面因素共同驱动的，但是，内在需要是主要的、独立的，内在的需要可以对货币动机独立地发生作用，而外在的各种诱因往往是通过内在因素发生作用的。

二、货币动机与人的需要的关系

人的需要是人脑对客观需求的主观反映，是一切人的心理和行为的动力源泉，它是人的生理和心理上的某种缺乏或不平衡状态引起的。在需要得到满足后，这种缺乏或不平衡状态暂时得到消除，当人的生理或心理上出现了新的缺乏或不平衡状态时，新的需求又会产生。在货币与商品存在的社会，人的需求表现为人对货币的需要，货币需要具有以下特征：

第一，货币需要具有客观现实性。人有生存和生活的需要，要生存和生活，就必须产生对货币的需要。没有货币，人就无法生存和生活，人的衣、食、住、行每时每刻都离不开货币，这就产生了人的货币动机，所以，人的货币动机是人的需要驱动的，人的需要是货币动机的原始推动力，没有人的需要就没有人的货币动机。

第二，货币需要具有发展变化性。人的各种需要是不断发展变化的，永远不可能停留在一种需要上，停留在一个水平上，旧的需要得到满足后，又产生了新的需要，而且人的需要又是不断扩大和增加的。人的需要是一个不断发展变化的动态结构，随着物质生活和精神生活的发展不断提高，人对货币的需求也是不断发展变化的，这就决定了人的货币动机也是不断发展变化的。

第三，货币需要具有主观差异性。个人的需要有共性，同时也有差别。个人需要往往和个人的向往、愿望、希望、抱负、意向、信念、兴趣等联系在一起，这就决定了人的需要是主观的，具有丰富多样的差异性，甚至是千差万别的，每个人的需要都是不同的，每个人对货币的需求量也是有主观差异性的，这就决定了人们的货币动机具有共同性和差异性，这是来源于人的需要的主观差异性。

第四，货币需要的整体联系性。人的需要结构中的各个因素是相互联系的，各种需要互为条件，又互相补充。精神需要以物质需要为基础，物质需要又以精神需要为支撑。所以，货币需要是要满足人的生理和心理多个方面的需要，形成一个相互联系的整体，否则就达不到人的生理和心理上的满足和平衡。这就决定了货币动机也是一个相互联系、相互补充的整体。

从以上分析可知，要了解每个人的货币心理和货币行为，必须先了解每个人的货币动机。正因为货币动机产生于每个人生理和心理的需要，而人的需要是多种多样的，是十分复杂的，这就决定了人的货币动机的复杂性、多样性和内在性。因此，研究人的货币动机是一个十分复杂、细致、繁重的任务，但是，必须研究人的货币动机，这样才能搞清楚人的货币行为的真正原因。

三、货币动机的种类

人的需要是人进行活动的基本动力，人的各种行为都是在需要的推动下进行的。人的需要激发人的货币动机和货币行为，使人朝着一定的方向追求一定的目标，以求得到自身的满足，人的原有的需要得到满足后，人和周围的关系发生了变化，又产生新的需要，产生新的货币动机，从而推动人不断向前发展，所以，人的需要是产生货币动机的动力。人的需要有五个层次，如图 3－1 所示，它决定了人的货币动机的种类。

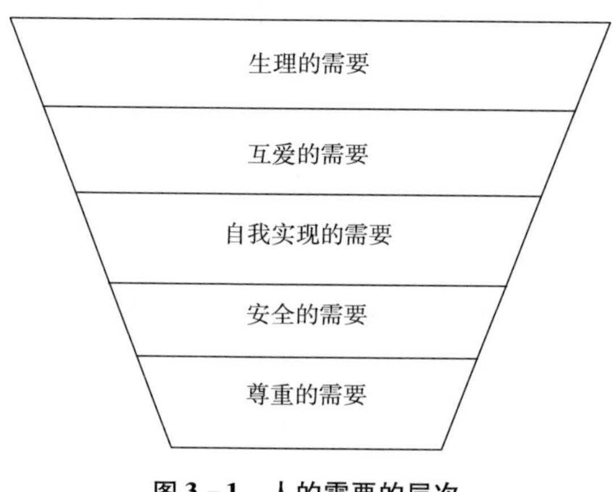

图 3－1　人的需要的层次

人的货币动机主要有以下几种：

（一）生理需要产生的货币动机

人的生理需要是人生存、生活的第一需要，人的生存、生活离不开衣、食、住、行，在货币与商品存在的社会，必然会产生人的货币动机。随着社会经济的发展，人的衣、食、住、行方面的要求逐步提高，所以，必然会产生更多种类的货币动机。这类动机主要包括以下几种：

1. 生存需要的货币动机

这种货币动机产生于人的基本需要，如衣、食、住、行，这些是人的最基本的需要。这种货币动机既是人的最基本的货币动机，也是人的最原始的货币动机。不能满足这种需要，人就无法生存。所以，年轻人刚开始就业时，拿最低的工资，只能满足自己工作、生活等必需的生活需要。

2. 生活改善的货币动机

年轻人工作了一段时期以后，工作逐步熟练，产生了改善生活的货币动机，这不仅是生理需要，也是心理需要。

人们在工作多年以后，掌握了一定的技术，工作有了一定的业绩，在生理和心理上必然要求进一步提高生活水平，产生了生活达到小康水平的货币动机。

不仅如此，每年每月的货币收入和支出更大，结余也更多，但是，人们并不满足这个货币数量，还希望有更多的货币结余，产生获取更多货币结余的货币动机。

3. 拥有财富的货币动机

工作取得更大的成果，更大的业绩，事业有更大的发展，人们不满足于小康的生活水平，期望自己拥有更多的货币，拥有更多的银行存款，更多的货币资产等。

在拥有更多财富的基础上，人们希望过上富裕的生活，反映在衣、食、住、行上有更好的条件——有质量更好的服装，有更丰富的食品，住更宽敞的房子，有更好的轿车。这样就产生了过上富裕生活的货币动机。

少数企业主、商人等逐步变成了富豪，住别墅，进出有高级轿车，穿戴名牌衣帽，到各地旅游，等等，这些人产生了过富豪生活的货币动机。总之，人的生存、生活的货币动机是逐步提高的，是复杂的。随着经济高质量发展，以及人民生活水平的不断提高，只要是通过自己辛勤劳动和工作使生活水平逐步提高、改善、升级，这样产生的生理上和心理上的需要是完全应该得到满足的，在这个过程中，在心理上更要牢记对社会、集体多作贡献。

（二）互爱需要产生的货币动机

人在社会中是不能孤立存在的，不能一个人生存和生活，需要人与人之间建立起感情。如果互爱的需要得不到满足，人就会强烈地感到孤独、寂寞，感到被社会所抛弃，心理上会产生很大的痛苦，甚至没有勇气生活下去，这就是互爱产生的货币动机。

1. 成家需要产生的货币动机

人们在参加工作以后，逐步成为成年人，进入找对象、谈恋爱、谈婚论嫁的阶段，在生理和心理上都产生了成家的需要，也就产生了成家的货币动机。这时需要准备成家需要的货币，以满足成家的各种需要。对年轻人来说，这是人生的一件大事，年轻人因此产生成家的货币动机。

结婚需要有足够的货币，结婚以前谈恋爱也需要许多货币，尤其对男青年来说，有没有钱往往给女方留下不同的印象。平时在一起相处时，男方有没有货币，能不能买礼品送给女方，买什么礼品，都会给女方留下深刻的印象。男方自己有多少货币，父母能否支持货币，这就会导致产生强烈的货币动机，当然，女方也要准备货币，但相对来说，货币负担小一些，产生货币的动机相对来说要轻一些。

恋爱、婚姻既需要动用货币，又要花得适当，给对方留下好感，所以，恋爱、婚姻中产生的货币动机是很复杂的。在恋爱、婚姻过程中需要很好地思索、考虑，既要支出货币，又要给对方留下好感，这需要深入思考，而且因人而异。这往往是人生道路上最早遇到的货币心理和货币行为，会导致产生复杂的心理过程和货币动机。

生育需要货币。结婚以后，有了孩子，家庭就增加了新成员。养育孩子的费用往往超过父母生活上的费用，所以，生活上的负担更重了。在生育以前，年轻的夫妇会在货币上做好准备，这时会产生货币动机以满足生育的需要。

子女教育需要货币。培养下一代是十分重要的，因此产生了为子女筹集教育经费的货币动机。孩子从小学、中学到大学，需要很多货币，有的孩子学习优秀，会有一部分奖学金，但大部分孩子要依靠父母，出国留学的是极少数，这些孩子更需要货币。筹措教育经费的货币动机，是每一个父母必然会产生的。

2. 家族需要产生的货币动机

任何人从出生到长大，都不是生活在一个小家庭里，不仅有父母、兄弟、姐妹，还会有叔叔、伯伯、姑姑、姨妈，这样就形成一个大家庭。于是会产生许多物质和精神上对货币的需要，货币动机也由此产生。

孝敬父母产生货币动机。孩子长大到了劳动或工作的岗位，领到第一个月工资，往往先要考虑给父母多少货币，表达对父母的孝敬之心。中国自古以来，以孝为先，父母养育之恩是终生难忘的。当然，各家的情况不一样，决定了货币数量的不同。

兄弟姐妹从小一起长大，朝夕相处，具有深厚的感情。长大以后，各自成家，经济状况不同，有的人需要其他人在货币上给予支援，逢年过节需要购买礼物表达心意，这也会导致产生货币动机。

对于家族中的姑姑、叔伯、阿姨、堂兄弟姐妹，有时也要动用货币以表示对他们的关怀，甚至有的人登门借货币，这往往也会导致产生货币动机。

3. 社交需要产生的货币动机

互爱需要货币，除了家族成员之间表达关爱需要货币之外，人在社交时也需要货币。人都不是孤立的，家族也不是孤立的，人和人之间需要来往，这就导致产生社交需要的货币动机。

朋友之间交往也会产生货币动机。人人都有一些好朋友，朋友之间经常往来，没有货币也是不行的，请客吃饭、送礼送物、相互支援等也导致产生货币动机。

合作伙伴互相合作产生货币动机。办企业需要有合作伙伴，需要合作经营，相互支持，共同投资，所以也会产生货币动机。

（三）自我实现需要产生的货币动机

人人都追求充分挖掘自己的能力和潜能，并使其完善化，使自己的能力和潜能发挥最大的作用，这就导致产生各种货币动机。

自我实现产生的各种货币动机。在人生的道路上，自我实现的形式是不同的。因为人的工作性质不同，自我实现的形式不同，产生的货币动机也不同。例如，一位是科学家，另一位是机关工作人员，科学家需要筹备实验经费等，机关工作者需要开展社交活动，要认识更多的朋友。产生的货币动机不同，货币的来源也不同。

（四）安全需要产生的货币动机

人们的基本生活需要得到满足以后，人们便追求生活稳定、安全，受到保护，生活中有秩序，避免恐惧和焦虑等。

安全需要的货币动机。这种货币动机是多方面的，包括自己住房的地点，房子的结构、设备、保卫措施等产生的货币动机；医疗、卫生、保险产生的货币动机；孩子去幼儿园，或上学要确保安全，由此产生的安全措施需要的货币动机；等等。

（五）尊重需要产生的货币动机

人们希望受到尊重，包括自尊和得到别人的尊重。自尊得到满足，会使人相信自己的力量和价值，使自己在生活中变得更有能力，更富有创造性；反之，缺乏自尊会使人感到自卑，没有信心去处理自己面临的问题。尊重包括名誉、威信、地位、声望、权力等方面。

1. 追求名誉产生的货币动机

在市场经济条件下，企业、商场、经营单位等追求名誉，往往需要各种宣传费用，包括广告费、交际费等，由此产生货币动机。只有支付这些费用，才获得名誉，赚取更多的货币。

2. 追求地位产生的货币动机

在市场经济条件下，企业、商场、经营单位追求社会地位产生货币动机。有了社会地位，又把社会地位作为无形的资本，赚得更多的货币。

3. 权力需要产生的货币动机

企业、商场、经营单位办企业，搞项目都要经过权力部门审批，之后才能获得经营权，一旦权力到手，又可以赚取更多的货币。

4. 欲望需要产生的货币动机

除了上面讲的企业、商场、经营单位追求名誉、地位、权力以外，还有个人追求个人的名誉、地位、权力产生的货币动机，这也是多方面的，是十分复杂的。

以上列出了五类共 12 种货币动机，这是人们最基本的货币动机。

人的需要产生货币动机，需要的层次决定货币动机的种类。货币动机是从低级到高级逐步实现的，在较低级的货币动机实现以后，产生较高级的货币动机。一种货币动机实现以后，又产生了新的货币动机，只有较低级的货币动机实现以后，才可能产生较高级的货币动机。高级货币动机的实现需要具备更好的主客观条件，所以，实现的条件更复杂。

在市场经济条件下，人的需要只有通过货币才能满足，货币形式是满足人的需要的唯一形式，所以，产生了各种货币动机的种类。人的生理和心理需要的多样性决定了货币动机种类的多样性。

四、货币动机转化为货币行为的过程

心理学是一门研究行为和心理过程的科学。要深入研究货币动机转化为货币行为的过程。这种转化主要包括以下六个过程：

第一，货币动机逐步增强的过程。人的需要产生货币动机，在一般情况下，人会经历货币动机逐步增强的过程，只有愿望达到强烈的程度，人们的货币心理才能逐步转化为货币行为。

第二，货币动机的思考逐步清楚的过程。因为货币是一般等价物、财富的代表，会引起人们的特别注意，所以，人们经过调查研究，逐步弄明白、弄清楚货币动机以后，人的货币动机才转化为货币行为。

第三，货币动机的决心逐步确定的过程。货币动机的思考逐步清楚以后，还要考虑投入多少货币，采取什么样的货币行为。货币动机的决心逐步形成和确定以后，货币动机才能转化为货币行为。

第四，货币动机转化为货币行为的客观条件逐步形成、完善的过程。个人货币心理转化为货币行为，这只是人的主观愿望，往往要等待客观条件已经成熟，已经完全具备后，人的货币心理才能转化为货币行为。一个企业、一个投资者要把货币心理转化为货币行为，更是需要经过企业领导人、投资者的深思熟虑。只有客观条件完全成熟后，完全符合投资的条件，才能把货币心理转化为货币行为。

第五，货币动机转化为货币行为的后果逐步看清楚的过程。货币行为对人来说十分重要，直接影响人的物质生活、社会生活。所以，货币心理转化为货币行为，必须经过人们的深思熟虑，把行为的后果看清楚以后，才能把货币心理转化为货币行为。

第六，货币行为反复比较和选择的过程。正因为在市场经济条件下，货币行为十分重要，人们往往要对货币心理转化为货币行为经过各种比较、选择，然后才能把货币心理转化为货币行为。

以上货币动机转化为货币行为的六个过程，阐明了货币动机转化为货币行为的动力、过程、内容和实质，可以用图 3－2 表示。

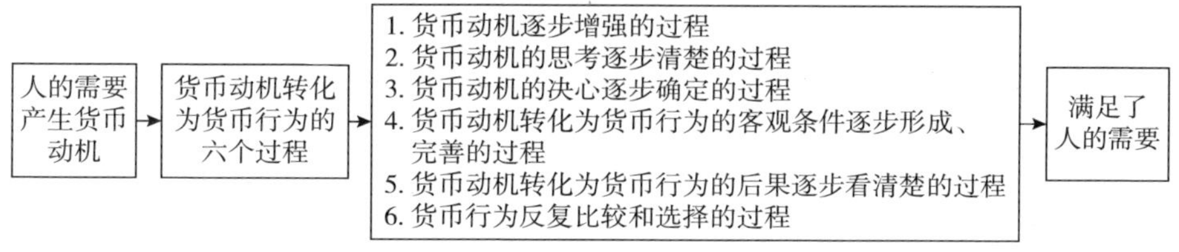

图 3－2 货币动机转化为货币行为图

五、货币动机与目标、价值观、意志、兴趣的关系

货币动机不仅是由人的需要决定的，而且人的心理上的目标、价值观、意志、兴趣与人的货币动机有着密切联系，并对货币动机带来重要影响。

（一）货币动机与目标

人有了明确的目标，才会产生一定的货币动机。目标是货币动机的动力，指明了货币动机的方向。人心理上的最初目标可能是不完善的，不完备的，随着实践经验的积累，目标会逐步完善和明确。目标是每个人要达到的具体目的或想要得到的结果，只有目标是明确的、高标准的，又是经过人的努力可以实现的，货币动机才有更大的动力。人唯有对现状不满足，才能有追求，唯有不断地追求，才能不断地进步。

目标越明确，越吸引人，越使人充满期待，充满信心，货币动机的追求就越强烈。人不仅要有长期的目标，还要有短期的目标，这样才能通过实现短期目标，一步一步地实现长期目标。明确的目标能够促使人把注意力、精力、能力都集中在完成目标上，努力实现既定的目标。

对于有实现难度的，但是有实现希望的目标，人们会付出更多的努力，具有更大的毅力，在个人能力允许的范围内，总结实践经验，努力拼搏，想方设法，并选择新的、更适当的策略去完成既定的目标。

（二）货币动机与价值观

价值观是一个人按照客观事实对自身、群体、社会的意义或重要性进行评价和选择的原则、信念和标准。价值观是一个人思想意识、人生观、世界观、货币观的核心，也是货币动机的核心。

人的价值观对货币动机具有导向或调节作用，符合个人价值观的货币动机被认为是有价值的；否则，就是没有价值的。价值观直接影响个人对货币动机的判断和选择，选择符合自己价值观的货币动机，抛弃不符合自己价值观的货币动机。要将符合自己价值观的货币动机作为自己努力的目标，并努力去实现。个人把货币动机看得越符合自己的价值观，货币动机的力量就越大，集中精力越多，信心越大。所以，价值观决定货币动机的性质、方向和强度。

价值观是个人在生活实践中逐步形成的，一旦形成，就相当稳定，人们会自觉和不自觉地时时处处以自己的价值观来判断货币动机和货币行为。各种事物、环境以及各种条件是客观存在的，但人们的价值观不同，从而选择不同的货币动机，不同的货币动机会产生不同的作用。

（三）货币动机与意志

意志在这里是指人自觉地确定明确的目标，并根据目标去支配和调节自己的货币动机，实现预定的目标。所以，意志是有意识、有目的地去实现预定目标的内在心理过程。意志是和克服困难相联系，只有在克服困难过程中的货币动机，才能体现意志的力量。

有意志的货币动机具有以下三个特征：

第一，有意志的货币动机具有目的性和计划性。意志是人的主观能动性的突出表现，所以，有了意志的货币动机具有目的性和计划性，目的性和计划性是人的意志的集中表现。

第二，有意志的货币动机具有克服困难的特征。意志和克服困难是密切联系的，只有那些克服困难的货币动机才体现了人的意志，不和克服困难密切相联系的货币动机，不是有意志的货币动机，所以，克服困难是有意志的货币动机的突出特征。

第三，意志对货币动机具有明显的调节作用。意志对货币动机的调节作用体现在保证货币动机的方向性，调节的最终结果表现为对预定目标的实现，以及防止和阻止一切不符合实现预定目标的货币动机。

（四）货币动机与兴趣

兴趣是人们探究某种事物或从事某种活动的心理倾向，它以认识和探索外界的需要为基础，是人们认识事物、探索真理的推动力。人们对感兴趣的事物会表现出很大的积极性，而且产生肯定的认识体验。

兴趣分为直接兴趣和间接兴趣，直接兴趣是由人认识事物本身的需要引起的。间接兴趣是由人认识事物的目的和结果引起的，它和当前的事物具有间接的关系。兴趣与货币动机有密切的联系，兴趣对货币动机的产生发挥作用，主要表现在以下三个方面。

第一，兴趣对货币动机的产生起着准备作用。人们对于有兴趣的事物，往往要经过一段时间的心理的准备过程，包括认识、思考、选择，然后才产生货币动机。

第二，兴趣对正在产生的货币动机起着推动作用。兴趣往往对正在产生的货币动机起着促进、加强、扩大的作用，促使尽早实现有兴趣的货币动机。

第三，兴趣对已经产生的货币动机起着创造性的促进作用。促进这种货币动机在原有的基础上产生新的、作用更大的、更持久的货币动机。

兴趣有物质兴趣和精神兴趣之分，物质兴趣引起人们对吃好、用好、住好、环境好的追求的货币动机；精神兴趣引起人们对精神生活的追求，包括读书、研究、旅游、参观等文化生活的货币动机，不论是物质兴趣还是精神兴趣引起的货币动机都要适当、适度、良好，使人们真正享受到物质和精神生活上的愉快和幸福，而不应过分地要求，过分地追求，那会使人走上邪路，产生不正确的货币动机。

六、人的内心动机与货币动机的关系

在市场经济条件下，人的内心动机离不开货币，但它又不同于货币动机，人的内心动机包括人生奋斗的目标、意志、向往、自立等。所以，它不是货币动机，但又不是与货币不发生任何关系的。人从青年开始就会确立自己一生的奋斗目标，人的内心和精力都会集中在一生的奋斗目标上。

根据自己内心的奋斗目标，做自己愿意做的事。人的行为遵从自己内心的动机，带着浓厚的兴趣做自己愿意做的事，就会沉浸在做事的过程中，不会感觉疲劳，感觉到的是无比的享受和自我激励。

只有按照内心动机的行为才具有真实性，因为一切行为都是自主的，是自己选择的，没有任何被控制、被压迫的成分。与真实的自我一致的行为，没有半点虚假的成分，这样才能充分发挥自己的全部力量、聪明和才智。这种行为是自主的、真实的、自由的，能够产生有创造性的、有责任的、有深刻内涵的行为。

内心动机的特点是活力、奉献、超越。活力：人们充满活力，这种活力发自于人内心的动机，而不是赚得货币的动机；奉献：这种力量是发自内心的，是为集体、为社会作更多贡献的力量，而不是获得货币的动机；超越：这种力量是发自人内心的精神力量，精神力量是崇高的，超越了货币的物质力量。

哪些人具有内心动机？按照中国的传统说法，就是工、农、商、学、兵，具体地说，以下九类人的内心动机在其生活中表现得更明显、更突出。

（1）自然科学工作者。这些人从青年时期就立志做一名自然科学工作者，他们整天埋头在实验室里、在参考书中、在研讨会中，把一生献给了科学事业，为自然科学作出贡献，这就是他们的内心动机，他们把自然科学事业看得比自己的生命还重要，有的甚至为自然科学的发展献出了自己宝贵的生命。他们在日常生活中也有货币动机，那就是维持生存、生活的需要，与科学事业相比这是微不足道的。

（2）社会科学工作者。他们也是整天埋头在书本中，查阅古今中外的资料，为了达到理论联系实际，他们从事各种社会调查，整理各种资料，参加各种讨论会。他们与自然科学工作者一样具有内在的动机，不过就是研究的学科不同，货币动机也是微不足道的。

（3）科技报国的企业家。许多优秀的企业家坚持为集体、为国家多作贡献，把资本、精力、奋斗赚来的货币投入科技报国中，对国家经济高质量发展、中国式现代化作出了重要贡献。他们天天和货币打交道，但是主要的货币动机是为集体、为国家多作贡献。

（4）慈善家。慈善家货币动机的特点，就是突破了人类几千年来货币私有制的观念，把自己的货币投入扶贫帮困、助学、助医的崇高事业，给人间带来了爱心、福音、快乐。

（5）白衣天使。优秀的医务工作者把治病救人看成是自己的光荣职责和崇高的事业，他们一心为了病人，受到广大患者的欢迎。治病救人就是他们内心的动机。虽然他们的工资待遇不高，但是他们的人格却是十分高尚。

（6）人类灵魂的工程师。广大教育工作者把教育事业看成是神圣的事业，他们为了培养青年学子，历尽艰辛，日夜工作，以身作则，这就是他们内心的动机。

（7）刻苦钻研的技术革新者。广大工人辛勤劳动，为企业、为社会生产出高质量的产品，其中的优秀代表刻苦钻研，艰苦奋斗，致力于技术革新、技术革命，创造出优异的成绩，他们成为企业优秀的工匠，他们的货币动机是崇高的。

（8）劳动致富，春色满园。广大农民整天在田野里劳动，不怕苦、不怕累，为社会生产粮食、农副产品，他们始终保持劳动人民的本色，他们的货币动机是勤劳的、朴实的。

（9）保家卫国的军警人员。保卫祖国、保卫人民是军警人员的神圣职责。他们一心扑在保卫祖国、保卫人民的崇高事业上，忘记了自我，甚至忘记了自己的生命，货币动机更是被他们所忽视。

从以上分析可以看出，人的内心动机具有以下特征：

第一，奉献性。人的内心动机是指人一心一意地为集体、社会多作贡献，不忘自己的目标、使命、责任，一切心理活动都围绕着奉献。以上列举的九类人废寝忘食地工作，生动、具体地描述了人的内心动机的奉献性。

人不能脱离集体和社会，为集体、社会多作贡献，显示了人生的价值；如果人只考虑个人利益，这种货币动机就是渺小的。

第二，强大性。人的目标远大、明确，人的心胸广阔，就具有强大的内心动力。只考虑个人利益的货币动机，由于其目标狭隘，往往具有脆弱性。

第三，真实性。人的内心动机是发自内心的，是内心的真实活动，因此没有一点虚假，没有任何压力、控制的成分。只考虑个人利益的货币动机往往受到外来的诱惑，被外来力量控制和支配，这类人往往掩盖自己内心的真实想法，甚至做自己不愿意做的事，所以，只考虑个人利益的货币动机往往具有掩盖性。

第四，持久性。人把精力和时间都放在劳动和工作上，甚至把劳动和工作看成是第一位的，比自己的生命还重要，那么，这类人的内心动机就是持久的、永恒的。只考虑个人利益的货币动机往往是变化无常的，具有脆弱性。

第五，稳定性。人的内心动机是发自内心的，目标明确，方向明确，任务明确，具有稳定性。只考虑个人利益的货币动机更多考虑个人得失，是变化无常的，具有不确定性。

综上所述，我国还处在社会主义初级阶段，在日常经济生活中，一心一意为集体、社会多作贡献，忘记自我，这在人们心理活动中占少数。研究人的内心动机的目的、任务就是要扩大内心动机的影响，经过长期的社会主义核心价值观的教育，以及长期的精神文明建设、文化强国建设，要逐步使更多的人具有内心动机，使人的内心更真实、更踏实，使人更加快乐和幸福。

七、货币动机论

通过以上对货币动机的分析得出的结论是：人的货币动机产生的原因是多方面的，既有客观方面原因，也有主观方面原因。人的生理和心理上的需要是货币动机产生的根本原因。诱因是产生货币动机的外因，例如名誉、地位、权力等，所以，要从各个方面来探讨货币动机产生的原因，透过现象看本质，要深入研究货币动机的产生和作用的规律。

需要是货币动机产生的根本原因，需要包括人的生存需要、生活需要、精神生活需要、社交生活需要、文化生活需要。人的需要层次决定了货币动机的种类。

诱因是驱动货币动机的外在原因，诱因有物质上的，如追求奢侈生活；也有精神上的，如追求名誉、地位、权力；还有社会上的，如积极的、消极的社交。

复习思考题

1. 简述货币动机的性质。
2. 货币动机有哪几个层次和种类？对这种划分你有什么看法？
3. 需要为什么是产生货币动机的根源？
4. 什么是人的内心动机？它和货币动机有什么关系？
5. 简述货币动机转化为货币行为的过程。
6. 关于货币动机论你有什么看法？

第四章　货币情绪

人们的日常生活充满着货币情绪，有时货币情绪高涨，有时货币情绪低落，有时舒适愉快，有时焦虑不安，形成一个复杂的心理过程。

一、货币情绪的性质

当货币与商品交换、货币关系、货币行为符合自己的需要和愿望时，就能够引起积极的货币情绪，肯定的货币情绪；反之，当货币与商品交换、货币关系、货币行为不符合自己的需要和愿望时，就会产生消极的货币情绪，否定的货币情绪。所以，货币情绪是个人与货币和商品的关系、人与人之间的货币关系、环境的改变或维持所引起的一种十分复杂的心理过程，这个过程是由独特的生理唤醒、认知解释、主观感受和外部表现组成的。

生理唤醒。生理唤醒是指情绪产生的生理反应，它涉及广泛的神经结构，如中枢神经系统、外周神经系统和内、外分泌腺等。生理唤醒是一种生理的激活水平，不同货币情绪的生理反应的模式是不一样的。例如，货币情绪是愉快的、满意的，心跳节律就正常；当投资失败时，年终不发奖金时，就能引起人的心理上的反应，以及大脑神经系统和内脏的反应，如心跳加速、血压升高等。

认知解释。认知解释是人与环境相互作用的产物，在货币情绪活动中，人不仅接受环境中货币刺激事件的影响，同时要调节自己对货币刺激的反应。也就是说，货币情绪活动必须有货币认知活动的指导，只有这样，人才能了解环境中货币刺激事件的意义，选择适当的动作或措施。因此，在货币情绪活动中，人们要不断地评价货币刺激事件与自身的关系。这种评价随时随地都会发生，自己要控制这种刺激，并选择适当的措施，这是很重要的。

主观感受。货币主观感受是指个人对不同货币情绪的自我感受，每种货币情绪有不同的主观感受。自我感受包括快乐的货币情绪和不愉快的货币情绪，这构成货币情绪的心理内容，这种主观感受是因人而异的。货币情绪的主观感受的来源，一种是大脑感受当前的货币情绪；另一种是过去对货币情绪感受的记忆。同时，别人货币情绪感受的状态，也会对自己的货币情绪产生影响。

外部表现。货币情绪的外部表现，也就是人的表情，是指在货币情绪发生时，各个部分的动作量化形式，包括面部表情、姿态表情和语调表情等。面部表情是所有面部肌肉变化组成的，面部表情变化能够精细地表达不同性质的货币情绪。姿态表情是面部表情以外的表情动作，包括手势、身体姿态等。语调表情是通过语言的声调、节奏和速度来表达人的货币情绪。

人的主观感受和外部表现往往是相互联系的，即有些主观感受和外部表现的变化联系在一起，例如，高兴的货币情绪往往和高兴的面容、人的外部表现甚至和语言的声调联系在一起。

二、货币情绪的功能

货币情绪的功能主要包括以下三类：

第一，货币情绪的适应功能。人们在生存、生活、发展的过程中有多种适应方式，货币情绪是个人适应生存、生活、发展的一种重要方式。货币情绪直接反映货币与商品的交换、货币关系、货币行为等的适应情况，是人的心理活动的“晴雨表”。例如，通过愉快的货币情绪可以表示货币与商品的交换、货币关系、货币行为正常；通过不愉快的货币情绪，可以表示上述境遇不好。人还可以通过货币情绪表示对社会是否适应，例如，用微笑表示友好，通过移情维护人际货币关系，通过察言观色了解对方的货币情绪状况，进而采取相应的对策和措施等。人通过货币情绪了解自身或他人的处境，并适应社会的需求，从而得到更好的生存和发展。当产生负面的货币情绪时，人们更应该予以关注，并采取必要的、适当措施来防止。

第二，货币情绪的动机功能。货币情绪是货币动机的源泉之一，是货币动机系统的一个基本部分。它能够激励人的货币活动，提高人的货币活动的效率，适度的货币兴奋情绪可以使人的身心处于活动的最佳状态，推动人们有效地完成货币行为的任务，适度的紧张和焦虑能促使人积极地思考和解决问题，货币情绪也是驱使人们货币行为的强大动力。

第三，货币情绪的组织功能。货币情绪的组织功能是指货币情绪对其他心理过程的影响，情绪作为脑内的一个检测系统，对其他心理活动具有组织作用。这种作用表现为积极的货币情绪的协调作用，消极货币情绪的破坏、瓦解作用，中等强度的货币愉快情绪有利于提高货币认知功能的效果，而消极情绪，如恐惧、痛苦，会对人的活动产生负面影响。

货币情绪的组织功能还表现在人的货币行为上，当人处在积极、乐观的货币情绪状态时，容易注意到事物美好的一面，货币行为比较开放，愿意接纳外界事物；反之，当人处在消极的货币情绪状态时，容易失望、悲观，甚至放弃自己的愿望。

三、货币情绪与货币动机的关系

货币情绪与货币动机是密切联系的，货币情绪的功能就指出了货币情绪是货币动机的源泉之一，它能激励人产生货币动机。从以上分析可知，货币情绪和货币动机是相互渗透的，它们相互影响，是不可分离的。不仅如此，货币情绪是人的一种特殊的货币动机，为什么说货币情绪是人的一种特殊的货币动机呢？这是因为：

第一，货币情绪能够激励人们在原有的货币动机的基础上，增加或减少货币动机的强度，即产生更强烈的货币动机，或者减轻原有的货币动机的强度。

第二，货币情绪能够帮助人们关注和应对重要的（通常是来自外部的）人、物、事件，引起人们对原有货币动机的思考、选择，从而产生新的货币动机。

第三，货币情绪能够促进人们之间交流各种货币动机的想法、意图、后果，从而在原有货币动机的基础上，完善、提高原有的货币动机，使原有的货币动机产生更好的效果。

货币情绪具体表现在以下六个主要方面：

第一，货币情绪引起货币动机的产生。外来的人、物和事件会引起人们的货币情绪，这种货币情绪往往导致产生货币动机。例如，有的人看见别人穿戴名牌衣帽，很好看，便眼前一亮，引起自己也想穿戴名牌衣帽的货币动机。

第二，货币情绪驱动货币动机。外来的人、物、事件促使人们产生兴奋、向往的货币情绪，这往往容易导致产生货币动机。

第三，货币情绪产生选择的货币动机。例如，看见商店的货架上陈列自己喜欢的吃、穿、用的商品，就喜出望外，产生兴奋的货币情绪，从而产生了选择的货币动机。

第四，货币情绪能终止货币动机。当外来的人、物和事件引起自己消极的货币情绪，使人心中闷闷不乐，就可能终止原来的货币动机，想买的就不买了，想吃的就不吃了。当人们感到没有情绪时，便会终止货币动机。

第五，货币情绪产生对货币动机的负面影响。有的企业家、商人经营亏了本，赔了钱，便心中闷闷不乐，于是停止自己的高消费，因此影响高消费的货币动机。

第六，货币情绪产生增加、减少或改变的货币动机。人们之间往往喜欢交流各种货币动机，相互交流对各种货币动机的看法，在交流的过程中，会产生各种不同的货币情绪，这往往会影响自己的货币动机。

四、货币情绪的状态

货币情绪的状态是指在人、物和事件的影响下，人在特定时间内产生的货币情绪的具体状况，其中比较典型的货币情绪有货币心境、货币激情和货币应激三种。

（一）货币心境

货币心境是指人比较平静而持久的情绪状态，也就是平常说的心情。货币心境具有弥漫性，它不是关于一种事物的特定体验，而是以同样的态度对待一切事物。货币心境持续的时间有很大差别，有的货币心境可能持续几个小时，另一些货币心境可能持续几周、几个月或更长的时间，这决定于客观货币事件引起的客观刺激的性质。例如，一个人投资赚到了许多货币，这使人长时间内保持惊喜快乐的心境；

反之，投资损失了很多货币，人们在长时间内保持郁闷、烦恼的心境，这种心境会延续几个月，或者更长的时间。人的性格也能影响货币心境的持续时间，同一货币事件对性格开朗的人来说很容易事过境迁，过后就不再考虑，而对性格内向的人来说则长久难忘。

货币心境产生的原因有多个方面，既有客观原因，也有主观原因，主要包括以下几个：

第一，货币突发事件的余波。这种余波平静以后，往往会转化为心境，例如，投资赚到很多货币，这将使人长时间处在惊喜、快乐之中；反之，如果投资损失了很多货币，则使人长时间处在郁闷、烦恼的心境中。

第二，货币与商品的交换。如果货币与商品的交换使人处在优势地位，则会使人产生舒畅的货币心境；反之，如果货币与商品的交换失利，将使人处在不利的地位，则会产生郁闷的货币心境。

第三，人际关系中的货币关系。人际关系中的货币关系的产生和变化，将导致产生不同的货币心境。在日常经济生活中，人与人之间发生许多货币关系，这种关系和谐、友好，则产生愉快的货币心境，例如，与合作伙伴合作经营赚了很多货币，则大家心情舒畅，合作愉快，产生好的货币心境；反之，如果损失了许多货币，则大家很郁闷，甚至相互埋怨，产生不愉快的货币心境。

第四，客观条件的变化。经济繁荣，市场兴旺，给生产、流通、投资创造了良好的客观环境和条件，市场呈现一片繁荣景象，商品生产者、经营者会产生兴奋的货币心境，前景看好；反之，当市场条件的变化不利于生产或经营时，就会使人产生郁闷的货币心境。

总之，货币心境产生的原因及其变化是多方面的，心境对人的劳动、工作、身心健康有很大影响。积极向上、乐观的心境，能够提高人的劳动、工作、活动的积极性，增强信心，使人对未来充满希望，货币心境也是如此；反之，消极、郁闷的心境，会降低人的活动效率，使人丧失信心，所以，人做任何事情都应该保持一个好的心境，货币心理、货币行为也是这样，人们一定要具有良好的货币心境，这样才会产生良好的货币动机和货币行为。

（二）货币激情

货币激情是一种强烈的，且持续时间短暂的货币情绪状态，这种货币情绪往往是对个人来说有重大影响的事件引起的，是重大货币事件之后的狂喜、兴奋，也可能是惨遭失败后的失望甚至是绝望。

货币激情往往伴随着明显的生理变化和外在的表情变化，盛怒时会全身肌肉紧张，双目怒视，咬牙切齿，紧握双拳等；狂喜时眉开眼笑，手舞足蹈；极度恐惧、悲痛和愤怒后，甚至可能出现精力衰竭的状态。

货币激情对人的影响有积极方面和消极方面，积极方面是指货币激情能够激发人的内在的心理能量，成为货币行为的强大动力，提高货币行为的积极性和效力，敢于拼搏，甚至能够创造新的货币行为去完成自己的预定目标和任务。消极方面是指货币激情有很大的危害性和盲目的冲动性，例如，投资损失了货币，就会盲目地再投资，想挽回原来投资的损失，但由于盲目冲动，最后损失了更多的货币。

产生货币激情的原因有很多，主要包括：

第一，对个人来说有重大经济意义的突发事件能够引起人的货币激情，例如，经商赚了大笔货币，买卖股票赚了大笔货币等，这些都会引起个人的激情。

第二，长期向往的投资，一旦被有关部门批复，往往使投资者产生强烈的、难以控制的激情。

第三，从外面传来的好消息也会使人产生激情，例如，政府发布支持民营企业发展指导意见和具体措施，使民营企业家充满信心和希望，导致产生很大的货币激情。

还有许多原因使人产生货币激情。人要善于控制自己的激情，做自己货币激情的主人，使货币激情激起的活力，能够创造更好的前景。

（三）货币应激

货币应激是指出乎意料的紧张和危急情况引起的货币情绪状态，这些突发事件常常使人们心理上高度紧张并产生警惕情绪，在这种情况下，人们产生的特殊紧张的货币情绪，就是货币应激。例如，自己拥有的企业或公司面临破产。人们遇到这种意外危险或突发事件，都会集中自己的智慧和经验，动员自己全部的力量，迅速作出选择，采取有效的措施和行动，这时人的心理和身体都处在高度紧张的状态，这就是货币的应激状态。

在应激状态下，人会产生一系列生理性的反应，如肌肉紧张，血压、心理、呼吸以及腺体活动都会出现明显的变化，这些变化有助于适应急剧变化的环境刺激，使机体功能不受严重损害，但是，也有可能使人产生某种疾病。

针对货币应激状态，人们要正确、迅速地估计自己应对货币应激的力量，如果自己能排除危险，克服困难，要及早采取措施；如果感到力不从心，自己的能力不足以平息突发事件，应该及时向亲朋好友、相关企业和单位、集体或国家机关求助。

五、货币情绪的种类

货币情绪是人们情绪中最重要的、最复杂的、最多样的情绪，这主要是由以下五个原因决定的。

第一，货币在商品经济中的重要性决定的。货币在商品经济中占据重要地位，人们都离不开货币，都喜爱货币，因为货币是一般等价物，也是财富的代表，这决定了货币情绪的重要性、复杂性、多样性。

第二，人们生存、生活的需要是多层次、多种类的，这决定了货币情绪的重要性、复杂性、多样性。生存、生活是人们一切活动的前提，人们的生存、生活的需要是多方面的、多领域的，有衣、食、住、行的需要，有社交上的需要，有社会地位、名誉、权力等方面的需要，这些需要都会引起各种货币情绪，因此决定了货币情绪的重要性、复杂性、多样性。

第三，人的情绪本身就是多样的，有积极的情绪，有消极情绪，在商品经济条件下，都集中反映在货币情绪上，这决定了货币情绪的重要性、复杂性、多样性。

第四，人的情绪有共性，也有差异性，因为每个人的生理和心理不同，价值观、人生观、世界观不同，产生的货币情绪也不同，而且货币情绪又是发展变化的，这决定了人的货币情绪的重要性、复杂性、多样性。

第五，人的情绪与人所处的环境不同，决定了货币情绪的重要性、复杂性、多样性。每个人所处的环境不同、经历不同、受到的教育不同、年龄段不同，决定了产生货币情绪的重要性、复杂性、多样性，而且有的货币情绪又是交叉、混合发生的。

人有以下十二种基本的货币情绪，前六种是积极的货币情绪，后六种是消极的货币情绪。

1. 喜欢的货币情绪

由于在商品经济中，货币是一般等价物、财富的代表，人们都喜欢货币，都想获得更多的货币，都想使自己所有的货币增加，货币多多益善。人的生存、生活水平是由货币多少决定的，人们都喜欢货币。

2. 惦记的货币情绪

人们在日常经济生活中，经常惦记着货币，比如，这个月、今年货币收入多少，货币支出多少，货币结余多少，多少存在银行，家里还有多少货币，算了又算，记了又记。有的家庭有记账本，详细地记录货币收支、结余的多少，在人们的日常生活中增添了一件重要的事情。

3. 快乐的货币情绪

快乐的货币情绪是指一个人盼望和追求的目的达到后产生的情绪体验。由于需要得到满足，愿望得到实现，心理的急迫感和紧张感解除，快乐随之产生。快乐的程度取决于需要和愿望满足的程度，从满意、快乐到十分快乐。

货币可以用于购买生活必需品，如果有更多货币则可以购买各种高档的商品，因此能享受更高水平的物质生活、精神生活，快乐多多，喜笑颜开，家庭充满了快乐、幸福的气氛。

4. 惊讶的货币情绪

企业家、商人赚得超出原来计划、比预期更多的货币，这个货币数量是自己没有想到的，于是产生惊讶的货币情绪，惊讶的程度取决于预期和现实相差的程度，实现的货币数量越大，惊讶程度越大。

劳动者、工作者年终奖金比过去多很多，比自己预料的多很多，他们也会产生惊讶的货币情绪，多出来的货币似乎是天上掉下来的“馅饼”。

5. 感谢的货币情绪

学生拿到奖学金或者生活补贴，会产生感谢的货币情绪。生活困难户拿到单位的生活补贴，国家提高最低生活标准，或者是生病得到别人的资助等，都会使被资助者产生感谢的货币情绪。这种货币情绪既有利于建设和谐社会，也有利于精神文明建设，更有利于传递人间真情。

6. 捐助的货币情绪

社会上有识之士以及精神高尚的人士突破了几千年来货币私有制的观念，慷慨解囊，资助别人，于是产生高尚的货币情绪。给别人带来快乐，也会给自己带来内心的快乐。

7. 悲伤的货币情绪

悲伤的货币情绪是指人们失去自己重视或追求的事物或愿望，或者理想不能实现带来的情绪。悲伤的程度取决于失去的事物或追求的目标在个人心理上价值的大小，心理价值越大，引起的悲伤货币情绪越强烈，该货币情绪从强度上分为遗憾、失望、悲伤和哀痛。

如果企业家、商人投资或做买卖亏了本、赔了钱，因为货币在人的心理中很重要，则会迅速引发悲伤的心理过程，产生悲伤的货币情绪。如果劳动者、工作者今年没有年终奖金，或者比预期的少很多，也会产生悲伤的货币情绪。总之，货币收入减少很多，则会产生遗憾、失望、悲伤的货币情绪。

8. 愤怒的货币情绪

愤怒是指由于受到干扰而不能达到自己的目标、愿望，或者想得到某种事物而一再受到干扰，引起人的心理紧张的积累而产生的情绪。愿望受到阻挠即是遭受挫折，当人们明白挫折产生的原因时，往往会对带来挫折的人或物作出愤怒的反应，特别是所遇到的挫折是不合理的，或者是被人恶意制造的，这时愤怒更容易发生。愤怒的程度依次表现为不满、生气、激愤、大怒、暴怒等。

企业劳动者、工作者、机关的工作人员感到给自己评定的工资级别太低，比起和自己条件相同的人相差太多，或者应该给自己提级而没有提级，则会令人感到太不公平。自己的货币收入与和自己条件相同的人相差太多，便会令人产生愤怒的货币情绪。

企业家、经商者应该赚到的利润马上就要到手，但由于个别人员工作上的失误或失职，企业家、经商者没有赚到应该赚到的利润，这往往会使企业家、经商者对失职人员不满，并产生愤怒的货币情绪。

9. 意外的货币情绪

企业家、商人在经营中遭遇意外事故，或者遭到天灾人祸，带来意外的货币损失，这会给人带来打击，损失越大，对人的打击越大，而且这种打击往往在经历很长的时间后也不能恢复。这种意外的货币情绪是事先没有预见到的，因此，往往使人受到很大的挫折，感受到很大的痛苦。

10. 恐惧的货币情绪

恐惧是指当发生危险时，人企图摆脱和逃离危险而又无力摆脱时产生的情绪体验。恐惧的产生不仅仅是由于危险情景的存在，其还与个人排除危险的能力和应付危险的手段有关，它往往是人们无法摆脱危险时的表现。恐惧可以按程度不同分为可怕、惧怕、惊恐和恐怖几种。

当发生意外事件时，货币和资产可能遭受重大损失，人们会千方百计地弥补这种损失，但如果再次遭受损失，则容易产生恐惧的货币情绪。

11. 轻蔑的货币情绪

针对于人品低下的有钱人或者充满铜臭味的有钱人，人们往往会产生轻蔑的货币情绪，看不起这些人，离这些人远远的；相反，这些人往往也看不起没有钱的人。

12. 厌恶的货币情绪

货币有时体现出社会的不公平，有钱的人趾高气扬，没有钱的人唉声叹气。没钱人被有钱的人雇用，有时还会受到有钱的人训斥。没钱的人错误地把这种不公平误认为是货币造成的，久而久之，产生对货币的厌恶情绪。

六、货币情绪的调节

人的大脑有两种情绪处理系统，一种是有意识的，另一种是无意识的，货币情绪存在于这两种处理系统中。

无意识处理系统是快速反应系统，主要是在无意识层面运行的，它能迅速筛选传来的刺激，帮助人们在潜在危险事件发生前迅速作出反应，起到一种早期预警的防御作用，这个系统与人的记忆有关，它主要依赖于人的深层脑回路，尤其是边缘系统的自动运行。例如，企业家投资遇到失败，几乎瞬间就产生恐惧的反应，这是因为过去已经发生过这种事件，这种威胁存在内在的敏感性，很容易通过过去的威胁，有条件地反射到新的恐惧上。

有意识的处理系统反应相对较慢，它的联系主要在大脑皮层，尤其是包括外显记忆，这种慢速反应系统往往能使人在联想起风险的事件中变得谨慎。

情绪关系到全身，而不仅仅是大脑，货币情绪也是这样，能引起人的神经、激素、内脏和肌肉的变化，心跳加快，脸色苍白，出汗，呼吸急促等，通过手势、面部表现或其他动作表达货币情绪。

货币情绪的调节是指管理、控制和改变自己或他人货币情绪的过程。在这个过程中，通过一定的策略和机制，使货币情绪在生理活动、主观体验、表情行为等方面发生一定的变化。

货币情绪调节的特征是人们调节货币情绪时所表现出来的特点，主要包括以下几个：

第一，货币情绪调节的稳定性。货币情绪调节的稳定性是指维持适度的情绪体验和表情。货币情绪的调节是一种管理、控制和改变货币情绪的反应，以适应环境要求的过程，因此，货币情绪的调节要根据市场营销环境的要求，将货币情绪的体验和表情的强度与持续时间控制在一定的范围。只有保持货币情绪的稳定，才能继续发挥货币对经济、社会的作用。

第二，货币情绪调节的等级性。货币情绪调节的等级性是指对一个特定的货币情景来说，有多种不同的有效的调节方法。针对自己对货币情绪的变化和反应，可以根据自己行为能够解决的能力，进行针对性的、适当的、有效的调节。

第三，货币情绪调节的差异性。每个人货币情绪的调节受文化差异、个人愿望、个人性格等的影响，所以，要根据每个人货币情绪的不同进行针对性调节。

货币情绪主要是依靠自己来调节，自己调节货币情绪的能力是由个人的奋斗目标、期望、心态等决定的，它不仅决定了调节货币情绪的能力，而且决定了个人的思维、学习、行为、生活等各个方面。这种货币情绪的调节能力主要表现在以下四个方面：

第一，感知货币情绪。感知货币情绪是指发现和解读自己或他人货币情绪的能力。例如，感觉和认识自己或他人的货币情绪是积极的还是消极的，怎样调节自己的货币情绪，作出有利于自己的货币行为。

第二，利用货币情绪。利用货币情绪是指利用货币情绪思考和解决问题的能力。例如，思考自己为什么会产生这种货币情绪，如何利用货币情绪来解决自己面临的问题。

第三，理解货币情绪。理解货币情绪是指理解货币情绪之间复杂关系的能力。例如，理解和分析悲伤与愤怒的货币情绪之间的关系，两个人对同一货币事件产生不同的货币情绪反应，是什么原因造成的，并分析、思考如何解决这些货币情绪。

第四，调节货币情绪。只有深入分析自己的货币情绪产生的原因、过程、结果，才能调节自己的货币情绪，才能形成影响他人货币情绪的能力。不仅要调节自己的货币情绪和影响他人的货币情绪，而且要控制自己负面的货币情绪，尽量避免用不恰当的货币行为来表达自己货币情绪的冲动。

在货币情绪调节的过程中，货币情绪在生理活动、主观体验、表情行为等方面会发生一定的变化，具体而言，货币情绪调节包括以下几个主要方面：

第一，具体货币情绪的调节。货币情绪调节包括积极情绪和消极情绪的调节。例如，遇到突发的货币损失事件，在产生愤怒情绪时要克制；在产生消极情绪时，要看到希望及自身的优势。

第二，货币唤醒水平的调节。这包括个人对高、低唤醒水平的调节，高唤醒水平对认知操作起瓦解和破坏作用，例如，狂怒的货币情绪会使人失去理智，导致产生越轨行为；对成功的货币情绪的调节要考虑使其处在适当的水平，不然，就可能产生考虑不周的货币行为。

第三，货币情绪成分的调节。货币情绪的调节对象不仅包括情绪系统的各个成分，也包括货币情绪以外的认知和行为等。情绪系统的调节主要是指调节货币情绪的生理反应、主观体验和表情行为。此外，还有货币情绪的格调的调节、功能性的调节等，如调节货币情绪的强度、范围、不稳定性、潜伏期、发动时间、货币情绪的恢复和坚持等。

复习思考题

1. 货币情绪与货币动机之间是什么关系？

2. 简述货币情绪的性质。
3. 简述货币情绪的状态。
4. 你认为货币情绪的种类有什么增减项?
5. 简述货币情绪调节的特征。
6. 你是如何调节自己的货币情绪的?

第五章　货币情感

在货币与商品存在的条件下，货币情感是人们与社会需要相联系的主观体验与感受，是人类特有的心理现象，反映了人们的社会关系和生活状况，它渗透到人们社会关系的各个方面，经常以内隐的货币情感形式存在，它以微妙的方式流露。

一、货币情感的性质

货币是物，属经济范畴，它是不可能对人产生情感的。货币情感是指人对货币产生了各种情感，例如，挣货币，很艰难；花货币，很快乐；保存货币，很惦记；人与人之间的货币交换、货币关系使人产生了货币情感。

货币情感是人对货币的需要以及对货币的追求而产生的情感。货币情感是十分复杂的、微妙的，既包括货币情感的发生过程，又包括由此产生的各种体验。货币情感的发生过程是指在一定的条件下，在一定的事件中，人对货币发生了情感，例如，货币能使普通人抛头露面，能使无权无势的人变成强人，能使不受宠爱的人变得可爱。在货币情感的发生过程中，人对货币产生了难忘的感情。

作为一种实际发生的体验和感受，货币情感给人留下深刻难忘的印象，是一种难忘的回忆、难忘的感受，所以，人对货币的情感具有稳定性、深刻性和持久性。

不仅如此，在货币与商品存在的条件下，货币对人来说是至关重要的，人时时处处都离不开货币，货币关系到人的生存、生活、安全、尊严、地位、权力等，所以，货币情感对人具有稳定性、深刻性、持久性，这就是货币情感区别于人其他情感特有的性质。

二、货币情感的种类

货币情感是人对货币的情感，而人的情感是复杂的、多种多样的，因此可以从不同的角度对货币情感进行分类。由于货币情感的核心是价值，反映的是人与人之间的社会关系，所以可以从货币情感的核心是价值、反映的是人们之间社会关系发生、变化的不同特点进行分类，主要可以分为以下十种。

（一）货币亲情

货币亲情是指在血缘关系之间存在的货币情感。由于血缘关系的存在，无论对方是什么情况，人在心理上都会向着对方，即无论对方是富有还是贫穷，无论是身心健康还是不健康，都是向着对方，甚至不管对方的行为是善还是恶。亲情重在“亲”字，父母、兄弟姐妹与自己是有血缘关系的。

在货币情感上，亲人之间应该相互帮助、相互支持、相互关心，但是，如果货币情感上发生了裂痕，则亲情也会受到影响。

（二）货币爱情

货币爱情是指因男女相爱形成的货币感情，货币爱情是心理和感情结合的复杂的货币感情，其是由亲密、激情和承诺三个因素构成的货币感情。

亲密是指关系亲近密切，是指情感或身体上的亲近、坦白和沟通，相互之间的深知和了解是亲密关系的核心。

激情是人们之间产生的一种强烈的情感，是发自内心的。激情具有爆发性和冲动性，同时伴随着明显的生理变化和心理变化。

承诺需要自己尽最大的努力去完成，承诺许下的是自己的良心，是自己长期不能忘记、要完成的愿望。

从以上对货币爱情构成的三个因素的分析可以发现，货币爱情是货币情感中最重要的、复杂的、难忘的货币情感。

（三）货币友情

货币友情是指人们之间因相互交往而在货币上建立的情感，这种货币情感是友好的、平等的，是相互需要的，是相互支持、相互信任、相互关心建立起来的货币情感。当然，由于这种货币情感建立的基础不同，友情的深浅不同，相互之间的社会、经济条件不同，反映在货币友情上也是不同的；同时，通过货币情感也能检验友情的可靠性、信任性、亲密性。

（四）货币师生情

师生情是人世间最伟大的感情之一，有的学生把心爱的老师比作自己的父母，许多老师把自己心爱的学生看成是自己的孩子。在师生情里也常常发生货币情感，有些老师把自己微薄的收入用于资助穷困的学生上学。有的学生事业有成之后，在货币上支持年迈的老师，他们之间存在着货币的师生情，这种货币师生情是十分珍贵的，难能可贵的，往往给师生留下美好难忘的回忆。

（五）货币合伙情

合伙包括合伙经营、合伙投资、合伙入股等。合伙使人产生比较复杂的心理过程，也使人与人之间建立起比较复杂的货币关系。合伙人要具备以下几个条件：

第一，分担责任，分享权利。大家在一起合伙经营，彼此要分享权利、责任、利益等。第二，要懂善于发现他人的优点和包容他人的缺点，对于他人个别的、不严重的小错误更要理解和包容，要相互谅解，相互支持。第三，要相互沟通，经常交流，以诚相待。

合伙首先要选择适合的合伙人：第一，选择拥有共同价值观、有共同经历、共同目标的人。第二，选择互相理解，相互认可，有利于相互合作的人。第三，合伙人之间要分工明确，能够各司其职，分工明确，能够取长补短，形成优势互补。

只有具备以上条件，才能产生货币合伙情。在货币与商品存在的社会，合伙离不开货币，因此相互之间通过货币会产生浓厚的货币情感。

（六）货币成就情

成就是指事业上取得显著的业绩，通常是一般人无法完成的业绩，成就非凡，为众人所崇敬、羡慕。这往往发生在企业经营、投资选择、经商活动中，因赚取很多货币而产生这种货币情感。在外表上、在表情上、在谈话上显露出货币成就情。

这种货币成就情往往在人与人之间的交往中流露出来，甚至是有意地流露出来，显得比一般人高出一头，有的更是在各种场合摆出这种架势，想得到更多人的称赞。

（七）货币助人情

助人为乐，克己助人，帮助人解决生活上的困难，善良助人，替别人着想，这是人类崇高的品德，也是崇高的货币情感。在货币与商品存在的社会，这种助人为乐的情感是通过货币来表现和完成的，货币带来了人间的崇高情感。

帮助贫困的学生上学，是通过货币完成的，货币带来了人的崇高情感；救死扶伤，是通过货币来完成的，货币带来个人的崇高情感；帮助困难群众解决问题，是通过货币来完成的，货币带来了人的崇高情感。货币助人的情感往往让人永远难忘，常常在脑海中浮现，使人激动，使人感激。

（八）货币自由情

人有心理上的自由和行为上的自由，可以按照自己的意志、愿望行动，对自身的行为负责。在货币与商品存在的社会，这是通过货币来完成的，表现为货币越多，越富裕，在心理上感到的自由越多，因为可以拿更多的货币去购买自己喜欢的商品，享受各种劳务服务，比如可以出去旅游，自由度显得很大。没有货币，或者缺少货币，则什么也不能干，感到自由度很小。所以，更多的货币体现出更多的自由，货币产生了自由的情感，货币传来了自由情。

（九）货币对抗情

对抗感是指人与人之间存在对立的关系，并且生存和生活的条件受到对方的威胁。在阶级社会里，统治阶级和被统治阶级之间存在着对抗的关系，货币关系是这种关系的集中反映和表现。统治阶级通过货币雇佣和剥削被统治阶级，被统治阶级通过货币受到统治阶级的剥削和压迫，货币是阶级社会这种对抗关系的具体的、集中的、全面的反映和表现，货币带来了阶级社会的对抗情。

（十）货币蔑视情

在人与人之间的关系中，蔑视是小看、轻视、看不起对方的一种情感。在阶级社会里，统治阶级用蔑视的眼光看待被统治阶级，这往往使被统治阶级产生比被剥削、被奴役还要难受的心理。

在货币与商品存在的社会，也有极少数有钱人用蔑视的眼光看待没有钱的人，或者是被雇用的人。这使对方产生被轻视的货币心理，产生被蔑视的货币感情，使被雇用者产生不愉快的心理，这是一种很不正常的货币情感。

从以上分析可知，货币既能给人带来亲情、友情、愉快、信任、感激、庆幸等积极情感，也能带来痛苦、蔑视、仇视、嫉妒等消极情感。货币是物，属经济范畴，但是，它能够带来人的情感，货币能够传情，这是货币情感的特色。

三、货币情感的特性

从以上对货币情感种类的分析可知，货币情感不是人的一般情感，货币情感具有以下十个特性。

（一）货币情感的重要性

货币情感的重要性是指货币情感不同于人的一般情感，它具有特殊重要的性质，在人们的心理上占据特殊重要的地位。货币情感的产生、发展和变化影响人们的生存、生活水平，甚至导致发生许多难以预料的事情，它牵涉货币与商品的交换，人与人之间的货币关系，以及货币行为的产生、发展和变化，所以，要正确对待和处理各种货币情感的发生、发展和变化，货币情感有特殊的重要性。

（二）货币情感的难忘性

货币情感往往使人难以忘怀、无法忘记，深深地印在人的心理上，留在人的大脑中。在货币与商品存在的社会，人与人之间通过货币产生了情感，这种货币情感由于其特殊的重要性，哪怕是短暂性地发生和经过，哪怕是一次性地发生和经过，也往往使人终生难忘。

上学交不起学费，得到了别人的资助；看病缺少货币，得到了别人的资助；生活中出现临时困难，得到了别人的资助，哪怕只是一次，也会给人留下终生难忘的印象。中国有句谚语：“一分钱难倒英雄汉”，英雄汉都会被货币难住。所以，这种货币情感往往是令人难以忘怀的，是深深埋藏在心里的情感。

（三）货币情感的现实性

货币情感是在人们日常生活中发生的情感，是亲身面对、亲身经历、亲身处理的货币情感，是和自己的需要和利益密切相联系的情感，是难忘的情感，所以，货币情感具有很强的现实性。

（四）货币情感的关切性

货币情感的关切性是指产生货币情感的双方相互关心。在货币与商品存在的社会，货币是一般等价物，是财富的代表，在人们的日常经济生活中占据特殊重要的地位，所以，建立货币情感的双方是互相关切的，唯恐对方受到任何损失，因为对方遭受损失可能会牵连到自己也遭受损失。所以，产生货币情感的双方是相互关切的。

（五）货币情感的快乐性

货币情感的快乐性是指人们之间建立货币情感后，双方的期望和追求的目标实现时产生的快乐情感。快乐的货币情感表现为满意、愉快、欢乐、狂喜等，是由期望和目标实现的程度决定的。

（六）货币情感的挫折性

货币情感的挫折性是指在货币情感的目标和愿望实现的过程中，由于各种原因，目标和愿望的实现遇到障碍或受到干扰，使货币情感的目标和愿望不能实现，于是产生的消极的货币情感状态。

在现实生活中，任何人都不可能完全避开这种挫折，关键的问题是人们应该如何正确对待遇到的挫折。双方都应该正确对待这种挫折，经过双方的相互交流、相互谅解、相互协调，重新建立起更加健康、更加完美、更加充满希望的货币情感，使双方预定的目标和愿望能够更好地、更完满地得到实现。

（七）货币情感的炫耀性

货币情感的炫耀性是指货币多的人，如富人、富豪等在谈话中流露出自己比普通人高出一等，或者通过住房、购车、购买高档商品等炫耀自己，得意扬扬，脸上露出得意的微笑。

（八）货币情感的选择性

货币情感的选择性反映了人通过货币选择自己愿意的、喜欢的货币情感。人们一定要通过对各种货币情感的比较，选择自己认可的货币情感，选择往往大于努力，选择不对，一切努力都白费，并且会给自己带来情感上的损伤，令人后悔莫及。

所以，货币情感的选择性是很重要的，人们一定要慎重地、再三地进行比较，选择自己愿意的货币情感，传递与交流人与人之间的货币情感，这样才能发挥自己手中货币的最大作用。

（九）货币情感的慎重性

对待货币，大家都很慎重、谨慎，认真仔细，不轻率，因为在货币与商品存在的社会，货币是人人都关心的，建立货币情感也是人人都关心的，必然要十分慎重；不然就会造成经济上很大的损失，许多诈骗案例充分说明，诈骗分子首先是千方百计地和你认识，逐步建立起信任的情感，然后实施诈骗。

（十）货币情感的深厚性

货币情感的深厚性是指这种情感具有深刻、坚固、牢不可破、甘苦与共的特征。货币情感是双方经过认真的选择、了解、交流，以及长期相处建立起来的情感，这是双方货币与商品的交换、货币关系、货币行为的基础，因此，双方都是很慎重的。

四、货币情感的调节

人们不仅有各种货币情感，而且要按照社会的要求、对方的要求来调节自己的货币情感。货币情感是双方的情感，了解货币情感不是压抑自己和对方的情感，而是要分析产生货币情感的各种因素、发生与发展的情况，根据双方的需求来调节自己和对方的货币情感，保持适度的、适当的货币情感，才能更好地发挥货币的作用。

货币情感的调节是指个人调节或改变他人货币情感的过程，人们在这个过程中，通过一定的策略和机制，使货币情感在生理活动、主观体验、货币行为等方面发生一定的变化或保持适宜的水平。

第一，货币情感的心理调节。心理调节是调节货币情感的主要方面，具有一定素质和心理修养的人，不仅能够调节自己和他人的货币情感，而且能够尽量避免自己产生负面的货币情感，尽量避免用不恰当的方式来表达自己不理智的冲动。这是因为人们在心理上具有调节货币情感的能力，具体地说，人们在心理上具有四种调节能力：一是具有发现和解读自己与他人货币情感的能力；二是具有利用货币情感思考和解决问题的能力；三是具有理解货币情感复杂关系的能力；四是具有调节自己货币情感和影响他人的货币情感的能力。

第二，货币行为的调节。货币行为调节对于维持正常货币情感，保持良好的人际货币关系具有决定性作用。这是货币情感调节的中心环节，人们通过实践，经过深思熟虑后，采取必要的、适当的货币行为，对于改善人际关系而言，调节货币情感是十分重要的。

第三，人际关系的调节。货币情感不是孤立存在的，其与其他人际关系有着密切的联系。根据外界各个方面的信息以及以往掌握的情况，适当地调节人际关系，对于调节货币情感而言是十分重要的。

第四，调节其他事情对货币情感带来的负面影响。因为这些负面影响会经常出现，要分析这些负面影响产生的原因，是自己的原因造成的，还是对方或其他原因造成的，要根据产生的原因，采取积极的、适当的措施，使负面影响逐步得到控制。

五、货币情感危机论

（一）货币情感危机的特征

货币情感危机是指人们在遇到突发事件或面临重大挫折和困难

时，当事人自己既不能回避，又不能利用自己的资源或请求别人帮助来消除出现的心理上的极度紧张、焦虑、烦躁、恐惧、愤怒、悲观等的心理反应。

货币情感危机包括以下几个特征：

第一，突发性。货币情感危机往往是出乎意料、突如其来地发生的，人事先没有任何思想和行为上的准备，也不存在任何迹象、任何传闻，货币情感危机是突然地发生的。

第二，紧急性。货币情感危机的发生具有紧急的特性，且具有不可控制的势态。它需要人们紧急地应对，紧急地想方设法，以缓和紧急的态势。

第三，痛苦性。货币情感危机发生的事前和事后给人的体验是痛苦的，是悲伤的，在人的心理上留下痛苦和悲伤。

（二）货币情感危机的类型

货币情感危机主要包括以下四种类型：

1. 血缘关系

兄弟姐妹之间的货币情感发生不可解决的冲突、破裂。例如，兄弟姐妹在父母死亡后，为了争夺遗产而吵得不可开交，各自不让步，于是发生货币情感危机。

2. 婚姻关系

夫妻之间感情破裂，或者发生突发事件，并且提出离婚，那么现有的房屋、货币资产等需要处理、分配，如果双方不肯让步，则会发生货币情感危机。

3. 合作伙伴关系

亲朋好友在一起合作经营企业或投资项目，但因为主观、客观的原因而无法继续合作下去，于是提出散伙，如何处理现有资产，各方不肯让步，就会产生货币情感危机。

4. 私人借贷

亲朋好友之间的借贷基于相互信任，双方的关系本来是非常亲密的，但是，发生突发事件，或者双方之间的信任不存在了，双方的情感也就破裂了，产生货币情感危机。

（三）解决货币情感危机的原则

解决货币情感危机，要坚持以下四个原则：

第一，要搞清楚货币情感危机产生的深层次原因。针对货币情感危机产生的原因，坚持科学、规范、有序、有效的原则来解决货币情感危机。

第二，必须有家人、亲朋好友、权威人士参加，共同协商解决的办法，共同解决货币情感危机。

第三，按照道德、伦理的要求，各方均作出让步，各方都要以道德、伦理来要求自己，换位思考，既严格要求自己，也充分考虑对方，逐步恢复正常的货币情感。

第四，如果双方不肯让步，协商多次仍无法达成一致，双方坚持不下，最后只能诉诸法律。这种办法是没有其他解决办法的最后办法，因为这种办法一般会伤害双方的情感，以后有可能无法恢复原有的货币情感。

货币是经济活动的核心，货币对人十分重要，人们为了货币，甚至极少量的货币，也可能争吵不休，这会损伤各方的货币情感，会带来苦恼、痛苦。所以，人们在心理上一定要十分珍惜人与人之间已经建立起来的快乐的货币情感，如果发生或出现各种不利于保持、发展双方正常货币情感的事情或迹象，要尽早采取措施，要让人世间保持更多珍贵的货币情感，要预防货币情感危机的发生，使大家保持快乐的好心境。

六、货币传情论和货币传递真情论

以上对货币情感进行了系统的、全面的论述，下文在这个基础上提出货币传情论、货币传递真情论，这两论既是密切联系的，又是各自独立的货币新理论。货币传情论阐述了货币能够传情的原因、实质和作用；货币传递真情论阐述了货币与真情的关系，货币真情产生的原因、实质和作用，以及货币真情的心理过程和心理体验。

（一）货币传情论

情感是人对外界比较强烈刺激的心理反应或行为流露，也表示人对人或事物的关切。情感能够在人们之间建立友好的人际关系，能够在人与人之间传递友好的情谊。

货币能够传情是由货币本质决定的。货币是物，世界上的其他物都不能传情，只有货币能够传情，这是因为货币不是普通的商品，是世界上的特殊商品，货币是一般等价物，是财富的代表，人人都接受它，人人都喜爱它，人人都用到它，人人都持有它。

货币是一般等价物，是财富的代表，体现了社会生产关系，社会生产关系中包括人与人之间的情感，这也决定了货币能够传情。

在阶级社会里，从社会生产关系来说，货币传情传的是人们在生产关系中的地位及人们之间的相互关系，传的是剥削者蔑视、鄙视、轻视被剥削者之情以及被剥削者对剥削者反抗、仇视、愤怒之情。这两者是对立的，表现显然是不同的，货币传递的是敌对之情，有时是假惺惺之情，这里没有半点人间真情。所以，在社会生产关系中，只有增加人的情感这个内容，增加货币传情这个内容，才能全面地、深刻地阐述社会生产关系的内涵。剥削者向被剥削者传递的货币之情，是狰狞的面孔，冷酷的眼神，是对被剥削者精神上的虐待，思想上的折磨，这种精神上的虐待、思想上的折磨带来的痛苦，有时超过物质上的贫困。

根据以上分析，在阐述阶级社会里的社会生产关系时，不应该停留在物质上的剥削和被剥削的关系上，应该增加新的内容，即精神上的折磨和虐待的关系，这给被剥削者带来的悲哀和痛苦，有时胜过物质上的剥削和痛苦。如此才能全面地、准确地阐述社会生产关系，而且还要阐述在货币上集中体现和反映了社会生产关系，货币能够传递这种社会生产关系的情感。货币能够传情，这是在货币理论的发展史上首次提出要增添这个新内容的新观点。

货币传情是货币对人的作用产生的，是对人心理作用的过程和体验。这种货币心理反映人对人的关切、人对人的感情。货币传情证明了货币虽然是物，但是注入了人的货币心理和货币行为，注入了人的货币动机和货币意志，注入了人的生命活力，使货币能够传情，使货币活起来了，蹦起来了，传递了人间激情。不要再像过去那样研究死货币，现在要研究活货币，使货币在经济和社会中发挥更大的作用。

（二）货币传递真情论

人世间最引人注目的，一是货币，二是真情。货币是人们物质生活最需要的，真情是人们精神生活最需要的。

每个人都必须正确认识和处理货币与真情的关系，人的一生任何时候都不能没有货币与真情，货币是一般等价物、财富的代表，人没有货币就没有了物质生活；真情是发自内心的真实感情，是真心实意，没有了真情，就没有了精神生活。因此，两者是缺一不可的。

物质生活是基础，没有物质生活，也就没有精神生活，精神生活以物质生活为基础，物质生活对精神生活具有独立性、根源性；精神生活对物质生活具有依赖性、派生性。精神生活是适应人们改造客观世界的需要而产生和发展的，对物质生活具有能动性，具有反作用。

具体表现在：真情能够形成合力，真情在物质生产中能增强相互了解，相互合作，形成合力；真情能够挖掘潜力，使生产者之间团结互助，取长补短，挖掘潜力；真情能增加生产者的青春活力，使生产者生活得更阳光，更舒坦，充分发挥生产者的积极性，创造更多的物质财富，这就是“物质变精神，精神变物质”的唯物辩证法。

自从货币产生以来，货币与真情这对矛盾天天摆在人们面前，人们往往容易选择重货币、轻真情。所以，在当今世界中，人们首先应该正确认识和处理货币与真情的关系。

第一，当今世界，各国经济都有很大的发展，国民收入都有很大的提高，中国经济走在世界经济发展的前列，取得了举世瞩目的成就，相对来说，必然会增大对真情的重视程度，相对地减轻对货币的重视程度，向真情倾斜。这是正确认识货币与真情关系的物质基础。

第二，真情是真心交真心，是患难与共、无私奉献、肝胆相照、情深义重，是人类感情中的真善美。社会上人与人之间的许多误会、矛盾和纠纷在真情的交流中都会融化，人与人之间只有真情相伴，真情交流，才能增进团结。提倡向真情倾斜，多一点真情，这是当今世界的普遍要求。

第三，这是公民道德建设的客观要求。道德是依靠人们的信念来评价善恶的原则规范，是人的心理和行为活动的总和，是衡量个人心理、行为、品质的标准。爱祖国、爱人民，爱劳动、爱科学，爱社会主义是公民道德建设的基本要求，要追求更高的人生境界，实现人的自由发展，必须传递人间真情。

第四，这是当今世界文明建设、文化建设的客观要求。建设文明国家，建设文化强国，必须建设绿水青山的生态文明、风清气正的社会文明。人们正确认识和处理货币与真情的关系，会使人们有较高的思想风尚，较高的修养，较高的心理境界。因此，多一点真情，向真情倾斜，是建设文明社会及文化建设所必需的。

人们不仅要认识当今世界，认识多向真情倾斜的必要性和重要性，而且要认识到货币能使真情更浓，也能使真情变味，同时具有正向作用和负向作用。

货币使真情更浓。当今世界的有识之士，如思想境界高的人、具有道德品质的人通过货币传递了爱心、同情心，传递了人间真情。例如，资助别人上学、治病，解决临时生活困难问题等，将痛苦转化为欢乐，将困难转化为力量，货币使真情更浓。浓浓的真情，给人们带来更多快乐。

货币也能使真情变味。人们为了获得货币或者获得更多货币，致使事物本来的面目发生了扭曲，使真情变味。在货币与真情的关系上，表现为货币是硬的，真情是软的，真情一碰到货币就扭曲，真情就变味。这具体表现在以下四个主要方面：

第一，血缘关系变味。父母与子女之情是世界上最伟大的真情。从子女出生开始，父母克服任何困难，全心全意地抚养子女，真情浓浓；孩子长大成人后，有了自己的家庭，有极少数重货币、轻真情的子女，考虑货币多，忘记了父母之情，把老人当作包袱、累赘，使真情变味，血缘关系扭曲。

第二，师生关系变味。教师是人类灵魂的工程师，教育要立德树人，要使学生德、智、体、美、劳全面发展，但是有极少数中小学教师为了课外拿讲课费，在课堂上少讲课程内容，他们玷污了人类灵魂工程师的称号，货币使真情变味，师生关系扭曲。

第三，医患关系变味。救死扶伤是医务工作者的天职和使命，但是极少数医生收取红包，玷污了白衣天使的光荣称号，货币使真情变味，医患关系扭曲。

第四，人际关系变味。人一生中会有很多好朋友、好同事、合作伙伴，人们应该互敬互爱，相互支持，相互合作，但是有个别人重货币、轻真情，使人际关系变味，相互之间的关系扭曲。

从以上分析可知，货币能使人世间真情更浓，货币也能使真情变味，所以，人们必须提高对真情的认识，正确处理货币与真情的关系。人们要充分认识到真情比货币更珍贵，真情是人类情感上的真善美，人与人之间最宝贵的是感情，一段珍贵的感情往往令人终生难忘。真情会使人增强信心、动力、希望、感动，这往往无法用语言来形容和表达。真情使人拥有好心情，好心情是人生中最大的精神财富。患难见真情，人最困难的时候得到别人的帮助，真情浓浓。真情有凝聚力，真情能使人心交流，心换心，凝聚在一起，产生巨大的力量。人世间，真情是最珍贵的。

要净化社会货币氛围。净化社会货币氛围就是要净化千百年来人们重货币、轻真情的心理和行为，净化“一切为了货币，货币就是一切”的心理和行为，每个人拥有的货币是不等的，也不可能是相等的，但是，人在政治上是平等的，在人格上应该彼此尊重，大家都是通过辛勤劳动和工作获得货币报酬的，不能有贵贱之分、主次之分、上下之分，要营造一个平等、公平、公正、风清气正的社会环境，使人民不仅能够不断提高物质生活水平，而且能够不断提高精神生活水平。

净化社会货币氛围，人人都要参与，人人都有净化社会货币氛围的责任。人人都要宣传风清气正的货币氛围，人人都是净化货币氛围的宣传者、参与者、担当者，要抵制变味的货币气息，抵制扭曲的货币现象，清除“铜臭”，使真情充满人世间，使货币更好地发挥对经济、社会的作用。

复习思考题

1. 货币情感的性质是什么？货币情感在人们的情感中占什么

地位？

2. 货币情感的种类有哪些？你有什么补充？

3. 简述货币情感的特性。

4. 简述货币情感的调节。

5. 什么是货币情感的危机？怎样正确对待它？

6. 简述货币传情论的主要内容和实质。

7. 简述货币传递真情论的主要内容和作用。

第六章　货币与快乐的关系

货币是经济活动的核心，因此，人们的货币心理和货币行为往往自觉或不自觉地追求货币，追求更多的货币。但是，人们要明白、要懂得、要深知、要搞清楚货币与快乐的关系，有货币不一定快乐，怎样寻求人生真正的快乐，这是人生中最根本性的问题，必须搞清楚，不然，稀里糊涂地追求货币，人将虚度一生！

一、货币是物质生活的基础

货币是一般等价物，是财富的代表。人们不能没有货币，日常生活中的衣、食、住、行都离不开货币，没有货币一天也过不下去，所以，年轻人参加工作或劳动后，脑中想的是多挣点货币，至少能够维持日常生活开支，这是进入社会以后人们普遍的货币心理和货币行为规律。

挣钱多了以后，可以提高消费水平，逐步考虑买房买车，成家立业，享受人间快乐。亲戚、朋友交往离不开货币，货币多才有面子，货币少显得很掉价，有货币才能享受到快乐，没有货币就没有快乐的物质基础，人们都希望这个物质基础日益稳固。

随着社会的发展，以及生产的发展，人们的生活水平逐步提高，货币收入也逐步提高，人们向往过更美好的生活。人们交往更多，相互攀比也增多，朋友、亲戚、其他人的生活水平都逐步提高。没有货币来源增加，货币收入增加，人们就会失去快乐的物质基础，所以，社会越发展，经济越发达，人们对快乐的物质基础的要求就越高。

从以上分析可知，货币是人们生活快乐、幸福的物质基础，离开了这个物质基础，在市场经济条件下，就很难获得持久的快乐与幸福。

二、快乐是精神生活的基础

快乐是人的一种心态，使人感到高兴和满足，是人类精神生活中的一种愉悦，是一种心灵上的满足，是人们一种开心、高兴的状态。如果一个人整天都没有快乐的感觉，闷闷不乐，时间长了，就会得忧郁症，患各种精神上的疾病，人就无法生存，所以，快乐是健康的精神生活的基础。

人的快乐与不快乐是由人的动机、情绪、心态三者决定的。动机是决定行为的内在动力，是引发人从事某种行为的力量和念头，它容易受内部和外部因素的影响。内部因素主要是由人的心理、行为的目标、目的、欲望、需求、需要、本能等产生的，许多动机都涉及生理和心理需要的复杂结合。在市场经济条件下，货币是一个主要的外部因素，名利、权力、地位、成就、人际关系等都与货币的刺激有关。

情绪是一种特殊的动机，情绪是人对客观事物的态度体验及相应的反应，是多种感觉、思想和行为综合产生的心理和生理状态。情绪发生的三个阶段分别是：第一，先感觉到事情的发生；第二，触动到内心的不安；第三，掀起内心深处的波澜。情绪的种类包括快乐、悲伤、愤怒、厌恶、恐惧、轻蔑、惊讶等。

心态就是心理状态、想法和看法，是一个人生活、工作、看待世界的心理基础，是看不见、摸不着的，它为人们的行为选择定下了基调，如果心态不积极，只是单纯地想改变行为的习惯，则难获得真正的成效。所以，心态是看不见、摸不着的无形船舵，它无意识地把控着我们的人生方向。货币心态决定了如何看待货币，利用货币，思考货币，决定了货币心理和货币行为，所以，货币心态决定了货币能否给人们带来快乐。

从以上分析可知，人的快乐是由人的动机、情绪、心态决定的。人有了正确的动机、正常的情绪、良好的心态，才能保持精神上的快乐。这三者之间是密切联系的，动机起着决定性作用，只有有了正确的动机，才能有正常的情绪，良好的心态；同时，情绪、心态也影响动机的实现。

三、有货币不一定快乐

快乐与货币既是有联系的，又是有区别的。货币是快乐的物质基础，但它本身不是快乐。快乐与货币不同，快乐是人们精神生活中的一种愉悦，是人们拥有的精神财富，快乐与货币两者在性质上是有区别的。所以，人们有了货币不一定快乐，有较多货币的人不比拥有较少货币的人更快乐，他们甚至更不快乐。

上面说的快乐是由人的货币动机、货币情绪、货币心态决定的，具体表现在货币收入、支出、结余三个方面，是由十二个原因造成的，以下作具体分析。

1. 在收入方面

第一，不等价。货币虽然收入进来了，进入了自己的腰包，但是，人们发现这次交换是不等价的，或者往往客观上是等价的，自己主观上认为是不等价的，所以，有货币不一定快乐；如果购买商品不等价，货币支出多了，或者客观上是等价的，主观上认为吃了亏，也会不快乐。

第二，不合理。企业发放奖金，货币进了自己的腰包，但是，自己跟别人攀比，感到奖金分配不合理，心中就不快乐。单位调整工资，工资增加了，货币进入了自己的腰包，但是，自己与别人攀比，感到工资调整不合理，觉得自己吃了亏，工资是增加了，但货币增加带来的却是不快乐。

第三，不合适。和上面的情况正好相反，企业发放奖金，自己感到增加比别人多一点，自己感到不合适；单位调整工资，把自己的工资调上去了，自己觉得工作并不突出，不应该调整工资，货币增加了，进入了自己的腰包，但自己感到心中有愧，不合适，怕别人在背后说三道四，心中不快乐。总之，人没有正确的货币动机、正常的货币情绪、良好的货币心态，货币无论是没有增加还是增加了，都感到不快乐。

第四，不值得。企业领导人到处想办法，找出路，联系人，花了很多费用，还遭受白眼，但是，企业收入增加很有限，觉得不值得，心中不快乐。有的职工觉得企业、单位工资收入太少，想尽办法跳槽，费了很大功夫，找到了新单位，货币工资增加了些，但是，其他条件还赶不上原来的单位，感到不值得，心中不快乐。

第五，不精神。有的企业老板、高管赚了不少钱，但是，道德情操没有跟上，谈话行为都带着铜臭，有的还摆起“有钱能使鬼推磨”的架势，使下级、亲戚朋友心中很不快乐，货币给别人带来了不快乐，货币也就不可能使自己得到真正的快乐。

第六，不合法。有的人通过非法手段获得了货币，货币进入了自己的腰包，但是，恐惧进入了自己的心脏，整天提心吊胆，七上八下，睡不好觉，吃不好饭，货币没有给人带来快乐，而是给人带来痛苦，甚至是灾难，最后搞得家破人亡。

2. 在货币支出方面

第七，不透明。企业、单位、团体、家庭等货币支出不透明，特别是夫妻之间货币支出不透明，容易引发夫妻之间的猜疑、争吵，这种情况对家庭来说比较常见，货币支出带来了不快乐，甚至带来了阴影。

第八，不和谐。家庭货币收入是固定的，货币支出如何分配，往往意见不一致，男性愿意在吃上多花点钱，女性愿意在穿上多花点钱。住房的租金贵一点还是便宜一点？在买房买车时，往往意见也会不一致。如果彼此尊重、谅解，货币就能给家庭带来快乐，如果各方坚持己见，货币就会带来不快乐。

第九，不尽情。货币虽然花出去了，但是，心中感到不尽情，不快乐。这样的事情在日常生活中经常发生，例如，因兄弟姐妹之中有人结婚生子而送礼，钱是送出去了，丈夫或妻子有一方感到不到位，不尽情，心中不快乐，或者有一方再抱怨几句，更会使另一方感到不快乐。

第十，不体面。请客送礼，钱是花出去了，但是，事后感到宴请的规格有点不到位，不体面，心中留下了遗憾。请客吃饭，本来是件十分快乐的事，但留下的却是不快乐。送礼也是这样，礼金或者礼品送出去了，但是，事后想想感到不到位，不体面，别人会在背后议论自己抠门，货币带来的是不快乐。

第十一，不满足。花钱买商品，没有买到自己喜欢的颜色或款式的衣服，或者没有买到自己爱吃的名牌食品，或者慕名去旅游，结果很失望，货币带来的是不快乐。

3. 在货币结余方面

第十二，不达标。企业的盈利不达标，老板不快乐。个人货币结余不达标，甚至还动用了过去的货币结余，货币带来的是不快乐。

从以上对十二种主要情况的分析可以看出，有货币不一定快乐，货币多的人不一定比货币少的人更快乐，甚至还更烦恼。这是由人的货币动机、货币情绪、货币心态决定的。

四、精神财富给人带来真正的快乐

下面进一步分析货币带来的快乐与精神财富带来的快乐有什么不同。只有搞清楚这一点，才能懂得精神财富带来的快乐才是真正的快乐。

（一）快乐的特点不同

货币带来的快乐有以下六个特点：物质的、外在的、有限的、短暂的、无感情的、不自主的。

精神财富带来的快乐有以下六个特点：精神上的、内在的、无限的、持久的、动情的、自主的。

第一，物质上的、精神上的不同。货币带来的快乐是物质的，物质是人们生存的基础，没有物质，人就无法生存；精神财富带来的快乐是精神上的，没有精神上的快乐，人也无法长期生存，两者缺一不可。但是，在快乐的性质上却是不同的，货币通过物质让人产生快乐，不同的人有不同的物质需求，物质产生的快乐不完全相同；精神上的快乐对人是直接的。物质是第一性的，精神是派生的，但是，在物质比较充裕的条件下，精神上的快乐显得更重要。

第二，外在的、内在的不同。在人们的经济生活中，货币是一般等价物、财富的代表，人们要通过劳动、工作获得货币才能产生快乐，没有获得货币就不能享受货币带来的快乐，所以，货币对人产生的快乐是外在的。精神财富来自人的自我修养、自我锻炼、自我成长，所以精神财富带来的快乐存在于人的内心中。

第三，有限的、无限的不同。货币带来的快乐是物质的，这种快乐只限于物质本身的性质，不可能超越物质本身的性质。精神财富带来的快乐则不同，人有了精神财富，始终存在于自己的心中，快乐是无限的。

第四，短暂的、持久的不同。货币带来的快乐是短暂的，物质消费完了，快乐也就结束了。精神财富带来的快乐则不同，精神财富带来的快乐是持久的，精神财富带来的快乐难以忘怀。

第五，无感情、动情的不同。货币购买商品才能带来快乐，或者货币变成财富才能带来快乐，商品和财富都是物质的，物质是没有感情的。人的精神财富带来的快乐则不同，往往是由于人们之间的交往而产生感情带来的快乐，是有情的，是动情的，给人留下了难忘的快乐回忆。

第六，不自主、自主的不同。货币带来的快乐是不自主的，例如，企业老板给职工发奖金，发多少，决定于企业老板；单位给员工调整工资，增加多少，决定于单位，不是自主的。精神财富带来的快乐是自主的，是自己身上产生的。

（二）货币带来的快乐决定于社会生产力

生产力是社会发展的根源和动力，是人类征服和改造自然，使其适应社会需要的客观物质力量。生产力既是前人创造物质的结果，又是当前生产实践的物质基础。社会生产力的发展有一个客观的过程，人们为了满足物质方面的需要，必须向自然索取，推动生产力向前发展。所以，货币带来的快乐，以及社会上有多少货币都是由社会生产力决定的，社会生产力是货币带来快乐的发动机。

精神财富带来的快乐则不同，它决定于人们的修养、情操、素质，所以，人自身是精神财富带来快乐的发动机。例如，人们往往会回忆起年轻时期的创业阶段，虽然生活很艰苦，但是越是艰苦越向前，心中充满了快乐和喜悦。

（三）货币带来的快乐还决定于贫富、地位、权力、控制

社会生产关系中的贫富、地位、权力、控制不同，决定了货币带来的快乐不同。对贫穷的人和有钱的人来说，货币带来的快乐就不同；对社会地位高的人和社会地位低的人来说，货币带来的快乐就不同；对有权有势的人和无权无势的人来说，货币带来的快乐就不同；对控制别人的人和被控制的人来说，货币带来的快乐就不同。

精神财富带来的快乐主要是由自身拥有的精神财富决定的。拥有精神财富的人心中经常是快乐的。正如前面分析过的那样，有钱的人不一定比钱少的人更快乐，有权有势的人不一定比平民老百姓更快乐，中国有句谚语："无官一身轻！"控制别人的人遭到被控制人的反抗，心中并不快乐。

（四）精神财富带来的快乐是更高境界的快乐

通过以上对货币带来的快乐与精神财富带来的快乐的阐述和比较，我们可以看出精神财富带来的快乐比货币带来的快乐更上一个层次。精神财富带来的快乐是活力、激励、奉献、超越、新境界；货币带来的快乐是人们生活的物质基础，消费完了也就完了，但是，精神财富带来的快乐则不同。

活力：快乐转化为活力，使人充满生机，全身有用不完的劲头，使人从内心到四肢都感到有力量，全身心投入自己的劳动或工作中。

激励：快乐转化为激励，这种激励能满足心理和行为的需要，激励自己勇往直前，为企业、单位、集体、社会多作贡献，鞭策自己把劳动或工作做得更出色。

奉献：快乐转化为奉献，使人一心想为集体、社会多作贡献，贡献自己的聪明才智，贡献自己的力量，贡献自己的辛勤劳动，一心为

公，多作贡献，不辜负青春年华。

超越：快乐转化为超越，使人超越自我，超越过去，超越过去已经取得的成绩，在新的征程上重新起跑；超越使数量转化为质量，使人获得新的、更高的成就。

新境界：快乐转化为新境界，即快乐的尽头会出现新境界，使人的精神世界出现新境界、新想法、新思路、新心情、新作为；使人使用货币也达到新境界，用货币创造人间的快乐，把货币使用活。

五、让货币给人间带来更多的快乐

根据以上的分析、比较、研究，我们得出来的结论集中到一点就是：怎样使货币给人间带来更多的快乐，这主要包括以下几个方面：

（一）人的一生要有一个明确的最终目标

这个目标会给人带来无限的力量，同时人心中必然藏着快乐。在这个远大目标的指引下，还要有一系列阶梯性目标，作为实现自己梦想的阶梯，要主动积极，志向高远。人自己是前进的船长，自己掌握航行路线，不惧风浪，风浪是人生航船行驶中不可避免的，要更好地驾驭人生，驶向最终的目的。货币不过是自己生活中的物质条件，货币多一点，心中快乐；货币少一点，艰苦奋斗，勤俭节约，心中也快乐，不要让货币影响自己前进的最终目标，更不能把货币作为自己前进的目标。如果把货币作为自己前进的目标，则货币不仅不能给自己带来快乐，甚至会带来烦恼和痛苦。

（二）正确认识和对待货币，货币才能给人带来快乐

货币是商品交换的中介，是一般等价物，货币代表着人类一定的社会劳动，在商品交换中起一般等价物的作用。但是，在实际的经济生活中，货币往往存在两种价值，一种是货币的客观价值，就是上面

所说的。另一种是货币的主观价值，这个价值存在于人们的脑子里，存在于人们的货币心理和货币行为中，因人而异，有的人就把货币的价值看得很大，比磨盘还大，正是人的货币的主观价值离客观价值很远，造成了许多错误的货币心理和货币行为，使货币带来了不快乐，使货币带来了自己的痛苦。货币的主观价值与客观价值的差距，决定了货币给人带来的不快乐有多大，它的罪魁祸首就是不正确的货币心理和货币行为，所以，人们一定要正确认识和对待货币，只有这样货币才能给人带来快乐。

（三）贫富、地位、权力、控制逐步消失

贫富差距逐渐消失，实现共同富裕，这样货币就能给人间带来更多的快乐。实践证明，我国农村脱贫攻坚取得了决定性的胜利，人们过上了小康生活，过去缺粮缺衣缺钱的日子一去不复返了，货币给人们带来了更多的快乐。

地位、等级逐渐消失。人们在生产中结成同志式的关系，共同发展经济，共同享受生产成果带来的快乐。大家虽然有分工的不同，但是在政治上、人格上是平等的，各得其所，共同享受货币带来的快乐。

权力是为人民服务的。一切为了人民，一切依靠人民，一切权力用来为人民谋福利，货币就会给人们带来更多的快乐。

控制变成分工合作。过去形成的上下等级控制关系逐步消失，变成上下级同志式的关系，相互尊重，相互支持，友好合作，货币就会给人们带来更多的快乐。

（四）物质快乐转化为精神快乐，精神快乐转化为物质快乐

货币带来物质财富的快乐，精神财富能使货币带来更多的人间快乐。例如，在新冠疫情期间，有的人缺药品、缺口罩等，有的人就把自己已经买到的这些物资支援给别人，货币给别人带来了难忘的快

乐，别人得到了救治，同时自己也得到了更多的快乐，这是物质变精神，精神变物质，使货币给人间带来更多的快乐。在日常的生活中，这种事例是很多的。

（五）突破货币私有制观念，使货币给人间带来更多的快乐

有不少道德情操高尚、拥有精神财富的人，思想先行的人，古今中外有识之士，往往拿自己的货币，救死扶伤，帮助贫困学生上学，为突发性的地震、受灾群众捐款，献出爱心，使货币给人间带来更多的快乐。有的人成立各种慈善机构，救助被货币围困的人。人们突破了几千年来货币私有制的观念，这是货币心理和货币行为上的质变，精神上的飞跃，精神变货币，使货币发挥更大的作用，货币给人间带来更多、更动人的难忘快乐！

六、有货币不一定快乐论

有货币不一定快乐，这是由上述货币收入、支出、结余三个方面的十二个原因造成的。精神财富给人带来的是真正的快乐，只有正确认识和对待货币，货币才能给人带来快乐。货币是快乐的基础，但是，它本身不是快乐，快乐和货币在性质上是有区别的。所以，人们拥有货币不一定快乐，拥有更多货币的人不一定比拥有较少货币的人更快乐，他们甚至更不快乐。

精神财富给人带来的是真正的快乐，精神财富带来的快乐是精神上的、内在的、无限的、持久的、动情的；货币带来的快乐是物质的、外在的、有限的、短暂的、无情感的、不自主的。

精神上的快乐使人充满了活力，是奉献，是超越，是新境界。人们要不断提高对货币与快乐关系的正确认识，正确对待，正确处理，使货币给人们带来更多、更真实的快乐，而不是带来苦恼。

复习思考题

1. 为什么说货币是物质生活快乐的基础，快乐是精神生活的基础？

2. 为什么说人的快乐与不快乐是由货币动机、货币情绪、货币心态决定的？

3. 为什么说有货币不一定快乐，货币多的人不一定比货币少的人更快乐？

4. 为什么说精神财富能给人带来真正的快乐？

5. 货币带来的快乐与精神财富带来的快乐在性质上有什么区别？

6. 为什么说突破货币私有制的观念，货币就能给人间带来更多的快乐？

第七章　货币人品

货币是物，属经济范畴，其不存在品质问题，只存在价值问题。但是，货币交换、货币关系、货币行为反映和体现了人品，这是抹不去的，是掩盖不了的。人品是人的品质性道德，这是做人的根本性问题，在人的心理和行为上具有独特的重要的理论和实践意义。

一、货币人品的性质

在人们日常经济生活中，货币人品在人们的心理和行为上具有比较稳定的、核心意义的心理和行为特征，是一种与货币密切联系的人品特征，表现在人们对人、对物、对现实和周围环境的心理和行为上；反映和体现了对别人、对事物的态度和采取的言行上。货币反映和体现了人与人之间的人品性质，具体包括以下七个特征。

货币人品的根本性。在市场经济中，由于货币是经济活动的核心，货币在市场经济中发挥重要的作用，人们处处、时时离不开货币，所以，在货币上反映和体现出一个人重要的、根本性的人品。世界上没有任何事和物反映和体现人的人品比货币人品更带有根本性。

货币人品的集中性。人的人品集中地、凝聚地、像焦点似地反映和体现在货币上，反映和体现在货币交换上，反映和体现在人际关系上，反映和体现在人们心理和行为上。世界上没有任何事和物像货币那样集中地反映和体现了人的人品。

货币人品的整体性。货币人品的整体性是人的人品性质决定的，人品是人的道德表现，是对人的道德水平的整体评估，不是指一个人哪一方面的道德表现，而是指一个人整体的道德水平。研究、分析、评估一个人的人品，也不是指一个人哪些方面的人品，而是一个人的人品整体表现，货币反映和体现的也是人的人品的整体性。

货币人品的复杂性。复杂性是指事物交错聚集、情况纷繁杂乱。由于人们的现实生活是复杂的，人与人之间的货币关系是复杂的，所以，货币所反映和体现的人品也是复杂的。只有深刻地分析人的各种需要、各种欲望、各种期待、各种想法、心理活动和行为，才能从本质上看清自己，认识别人，所以，货币人品具有复杂性。

货币人品的支配性。货币人品支配着人们的心理和行为，如果人的人品中有急躁因素，往往在遇到外界突发事件时，人容易产生冲动。欲速则不达，人要适当地调节自己的心理。如果人的人品中有比较温和的因素，人就会慢慢地处理各种事件和情况。如果人能够清楚地认识到自己人品中的这些因素，认识到这些因素对行为的支配作用，人就会有意识地避免这些不利因素发挥作用。

货币人品的独特性。一个人的人品是在遗传、教育和环境等因素的相互作用中形成的，不同的遗传、不同的教育、不同的环境造就了各自独特的货币人品，这也表现在人们的货币心理和货币行为中，也具有独特性，这种独特性是在生活和工作中逐步形成的，人们之间的货币人品不可能是完全相同的，每个人都有不同的货币人品。

货币人品的稳定性。人的人品具有稳定性，这决定了人的货币人品也具有稳定性。这种稳定性是人们在长期的生活实践中逐步形成的，中国有句谚语："江山易改，本性难移"，这里的本性难移就是指人的人品、人的性格难以改变，因此人的货币人品也是难以改变的。

当然，货币人品的稳定性并不排除随着人们认识水平的提高，人们通过实践，不断优化自己的货币人品，完善自己的货币人品，使自己的货币心理和货币行为更良好。

总之，把握住货币人品的上述特性，发挥自己货币人品中的优良因素，逐步减少和清除货币人品中的不良因素，净化自己的货币心理和货币行为，人就能够掌握自己的命运，让货币人品陪伴人走向快乐、幸福的康庄大道。

二、货币人品的形成

人的货币人品的形成是很复杂的，总的来说，遗传、教育、环境相互作用，共同影响人的货币人品。父母遗传的因素是很重要的，父母遗传的因素优秀，父母给子女带来优秀的基因，是形成子女人品的重要生理基础。子女在父母的期望中成长，人的一生最早接触的人就是自己的父母，父母对孩子的期望对孩子的人品形成起很大的作用，孩子思维的建立和形成往往基于父母的期望和人品。除了父母之外，家庭其他成员对孩子人品的形成也有影响。父母是孩子的第一任老师，孩子最初接触的货币也来自父母，父母给孩子货币去买冰棍吃，孩子开始知道货币可以买冰棍，慢慢知道货币可以买糖果、买其他商品，孩子逐步认识了货币，这是孩子接触和认识货币的最初阶段。作为孩子的第一任老师，父母应该教育孩子长大成人后，在不同的工作岗位上多作贡献，绝大多数父母对孩子抱着这种期望，这有助于孩子逐步形成良好的货币人品。可是，也有个别父母对孩子的期望是在孩子长大后能够挣大钱，过上奢华的生活，这在孩子的心理上种下了不良货币人品的祸根。

学校的教育对培养孩子形成货币人品也起着重要的作用。孩子入学后，老师的教育、老师的讲课内容、老师的言行对学生有很大的影响。在孩子成长的过程中，中学比小学更重要，大学比中学更重要，进入中学以后，孩子开始向父母要钱交学费、买书籍和各种文具用品，孩子逐步形成了对货币更清楚、更全面的看法。进入了大学后，大学生接触货币的机会更多了，货币从哪里来，花到哪里去，为何花货币，孩子逐步形成了货币人品。学校的教育对学生货币人品的形成是很重要的，绝大部分教师尽心尽力地、不辞辛劳地完成教育下一代的任务。可是，个别中小学老师为了挣货币，选择课堂上少讲内容，课外拿讲课费，这给学生的货币人品的形成带来了不良的影响。

学生毕业后，走出学校大门，到达工作岗位参加劳动或工作，成家立业，他们将天天和货币打交道，会在实践中逐步形成和培养自己良好的货币人品。

环境对人的货币人品的形成也有很大的影响，家庭的环境、学校的环境、工作单位的环境、人际关系等，对人的货币人品的形成也是有一定作用的。

所以，人的货币人品形成是在遗传的基础上，通过后天的教育、环境的作用共同形成的，特别是人对世界、社会、事业的看法和态度，形成的世界观、人生观、价值观对人的货币人品的形成起着决定性的作用。

人品决定命运。在市场经济条件下，货币人品决定人的命运，人天天和货币打交道，挣货币，花货币，货币交换、货币关系、货币行为反映和体现了人的货币人品。高尚的货币人品是人生的巨大财富，只有具有高尚的货币人品，人才能把日常的经济生活处理得当，把自己的经济生活安排好，才能把各方面的人际关系处理好，不断提高和改善自己的货币人品，才能使自己生活愉快、幸福，才能助力事业上的成功。

三、优秀货币人品基因的特征

货币人品是人的道德性品质，优秀的货币人品主要包括正直、善良、诚实、守信、宽容、守法、勤劳、节约等。中国古代衡量人品的标准是仁、义、礼、智、信。人品是人根据一定的道德准则和规范行为，对社会、他人、周围事物所反映出来的稳定的心理特征。人品是人的宝贵财富，货币人品控制了一个人的货币心理和货币行为。

货币人品表现在人稳定的心理态度和实际的行为上，优秀的货币人品基因具有以下六个基本特征：

货币人品的正直性。对待货币交换、货币关系、货币行为诚实正直，公正无私，不搞歪门邪道；对国家、集体、他人所有的货币，分文不取，清清白白做人。

货币人品的诚实性。货币心理和货币行为一致，言行一致，表里一致，没有半点弄虚作假。诚实是中华民族传统的优秀品质、优秀文化。诚实是人对待货币交换、货币关系、货币行为最基本的要求，不向亲属、家庭、企业、单位、合作伙伴隐瞒一分钱，没有半点虚假，干干净净做人。

货币人品的守信性。守信是指讲信誉、重信用、守承诺。忠于自己承担的义务，说出去的话一定要践行。守信是每个人一辈子都应该恪守的基本道德规范，更是人与人之间彼此交往的最基本、最重要的道德品质。中国有句古语：“言而无信，不知其可。”如果一个人不讲信用，真不知道他是否还能做成任何事，如何能够立身处世？这说明货币人品中的守信是十分重要的。

货币人品的守法性。守法是指一切国家机关、政党、团体、企业、个人自觉地遵守法律的规定，将法律的要求转化为自己的言行，从而使法律得到实现。守法是法律实现的基本要求，是每个公民必须遵守的义务，不能有任何违反、任何差错、任何犹豫。

货币人品的勤劳性。人只有辛勤劳动，努力工作，不畏艰难，不畏艰苦，不畏付出，才能创造出物质财富和精神财富。勤劳是中华民族的传统美德。勤劳的具体表现是目标明确，方向正确，积极向上，努力劳动，努力工作，努力学习，它是人生的一种正确的价值观，也是一种优秀的人品，是事业成功以及劳动创造价值的重要基础。人要充分发挥自己的潜力，发挥自己的创造力，不怕辛苦，不怕困难，不怕疲劳，要提高劳动、工作的效率和质量，为社会、集体多作贡献，同时自己也会感到快乐和幸福。

货币人品的节约性。节约就是节省，是勤劳而节俭，即工作勤劳，生活节俭，厉行节约，反对铺张浪费，这是我国人民的优秀文化传统。虽然现在的物质生活水平不断提高，但这不能成为不厉行节约的借口和理由，更不能成为铺张浪费的理由。由俭入奢易，由奢入俭难。勤俭有助于修身养性，勤俭能够提高人品的素质，勤俭是重要的货币人品。

四、优化自己的货币人品

优化自己的货币人品，要从认识和了解自己开始。应把握自己货币人品的优秀要素，继续发扬自己货币人品的优秀要素，逐步改正和消除自己货币人品的低劣要素，扬长避短。优化自己货币人品的要素不是一件容易的事。人要经过长期艰苦的努力，长期的磨炼，长期的锻炼才能提高自己的人品。人的货币人品，归根到底，是受人的世界观、人生观、价值观决定的。

第一，树立长远的人生目标。有了这个长远的人生目标，就知道自己现在该做什么，短期该做什么，长期该做什么。有了人生的奋斗目标，自己就会变得坚定、专注、执着。

第二，正确认识和估计自己的货币人品。人贵有自知之明，只有对自己的货币人品进行科学的分析和评估，才能使自己的货币人品得到锻炼和提高，不断形成良好的货币人品。分析的过程是一个自我深化，自我认识的过程，也是不断净化自己货币人品，不断完善和发展自己优良货币人品的过程，优化货币人品也是进一步巩固和提高良好货币人品的心理过程。要做到取人之长，补己之短，有则改之，无则加勉。

第三，在实践中不断改善和提高自己的货币人品。货币人品需要在实践中不断磨炼和提高，要从失败中吸取教训，从成功中总结经验，使人的货币人品更加成熟，获得更多的实践知识，为自己增添一笔宝贵的人生财富。

第四，学会帮助别人。不要总看别人的缺点，埋怨别人，要学会宽容和谅解，对别人的缺点要采取宽容和谅解的态度。宽容别人就是宽容自己，这将会使你赢得同样的谅解和尊重，将使你远离偏见、狭隘、小气，拥有更多的朋友。主动帮助别人，爱别人，就是帮助自己，爱自己，将会使你得到更多的帮助，更多的爱，更多的快乐。

第五，在思想意识上进行自我锻炼，自我提高。针对自己存在的货币人品上的不足，自觉制定货币人品提高的目标，不断进行自我提高和完善。多接触人，多与人交流，取人之长，补己之短，金无足赤，人无完人，要不断向别人学习，只有这样才能不断提高自己的货币人品。

第六，改善和提高货币人品，要日积月累，坚持不懈。改善和提高人的货币人品不是一两天的事情，也不是短期能完成的，要长期坚持，长期努力，重要的是自己要有信心，要有决心，百折不挠，坚持不懈，决心越大，意志越强，行动力就越强劲，这样才能使自己的货币人品不断得到提高、完善和优化。

打开自己的心门，有什么想法要多与别人交流，不要沉浸在自己的世界里，要改变生活习惯，要改变说话和做事的习惯，这样别人对你的看法就会改变。自己要有信心，经常反省自己，检查自己，这样货币人品就会逐步得到提高和改善。

五、良好的人际关系是良好的货币人品的基础

人是不能脱离群众孤立存在的。人际关系良好是一个人生存、生活的动力，也是货币人品的重要标志。这也是从社会伦理、道德标准来认识一个人的货币人品。

在货币与商品存在的社会，人际关系是否良好，是货币交换、货币关系、货币行为是否良好的基础。因为货币交换是涉及双方或多方的人际关系，货币关系涉及双方或多方的人际关系，货币行为涉及双方或多方的人际关系。所以，正确认识和处理人际关系也是货币人品良好的重要标志。

正确选择和处理人际关系的态度是以诚相待，采取坦白、坦率的态度。相信自己以诚相待的态度会感动对方，以诚相待和直率的态度会给人留下良好的印象，也会使自己的心理轻松不少，有利于提高和改善双方的货币人品。

选择患难之交的友谊。这种友谊是十分珍贵的，是高山流水般的友谊。要坦诚相见，患难与共，患难之交是人际关系中最重要的货币人品。遇到困难，相互帮助、相互出力，不推诿、不后退，多出一份力量，多有一份诚意，献出爱心，贡献自己的力量，共享胜利的成

果，共甘苦、同患难，增进友谊。

坚持精神财富超过物质财富。在货币交换、货币关系、货币行为中产生了物质财富的损失时，要尊重友谊，宽宏大量，尊重对方，让对方感到你很尊重友谊，很重视人，友谊超过物质损失。你虽然在物质上受到了损失，却收获了好朋友，收获了友谊，懂得人的价值重过一切。对方也会很重视你在物质上的损失，这表现了精神财富超过物质财富，使人很感动，很快乐，也是具有高尚货币人品的表现。

坚持自己的正确意见，通过交流，改进自己不正确的意见。在人际关系上往往会出现意见不一致，看法不同，你应该坦诚地发表自己的意见和看法，帮理不帮亲。如果你不表态，不发表自己的看法，采取中立的立场，结果往往把所有人都得罪了，在朋友之间处在很尴尬的地位，损害了友谊，也说明你的货币人品中还存在不足。

从以上几个主要方面的分析可以看到，人际关系是提高和改善货币人品的基础，良好的货币人品又会促进和改善人际关系。

六、货币人品论

在货币、商品存在的条件下，人产生了货币人品。货币人品集中反映和体现了人们在货币交换、货币关系、货币行为上的道德性质的、根本性的人品。在世界上没有任何东西比货币这样集中、突出、露骨地反映和体现了人的人品。

人在很多时候最不了解的是自己，但是，别人通过货币交换、货币关系、货币行为却比自己看得更清楚，更明白。所以，每当货币交换、货币关系、货币行为遇到挫折、困扰和争执时，首先应该检视自己的货币人品，不会评价自己，就不能评价别人。知己知彼，才能百战百胜。不要把矛盾产生的责任都推给对方，重要的是评价自己，但困难的也是评价自己。

认识自己的货币人品就能够找到货币交换、货币关系、货币行为是否顺利或产生干扰的真正原因，因为认识自己，才能改善自我，从而获得自信，这样问题就解决了一大半，对方的问题也就容易解决。所以，处理好人际关系，是在货币与商品存在的社会，处理好货币交换、货币关系、货币行为的基础。正确认识自己，评价自己，读懂自己的内心，才能读懂他人的心理。人品决定一切，在货币与商品存在的社会，一定要把货币人品这个根本性的问题搞清楚，弄明白，这样在人们日常经济生活中出现的问题就能解决一大半，或者说，有时能解决日常生活中出现的所有问题。货币人品就好像是日常经济生活中的一把钥匙，打开了解决所有问题之门，使人活得更舒坦、更敞亮、更快乐。

优化货币人品，就是要提高货币人品素质，树立长远的奋斗目标，在实践中不断改善和提高自己的货币人品。要懂得帮助别人就是帮助自己，要在心理和行为上进行长期的自我锻炼，改善和提高货币人品需要日积月累，是长期的、艰苦的、坚持不懈的任务。

在市场经济条件下，良好的货币人品是货币交换、货币关系、货币行为的心理基础，有助于推动市场经济健康发展，推动经济高质量发展，为建设中国式现代化贡献力量。

复习思考题

1. 简述货币人品的性质。
2. 简述良好货币人品的六个基本特征。
3. 在商品经济条件下，为什么产生了货币人品？

4. 怎样优化货币人品？
5. 货币人品和人的人品的相互关系是什么？
6. 简述你对货币人品论的看法。

第八章　货币使命

货币是物，属经济范畴，它并不存在使命。但是，货币从投入流通界开始，就不是自发的，货币不是盲目地投入流通界的，货币没有长腿，自己是不能走进流通界的。货币肩负着人的使命，是人把货币投入流通界进行运转的。所以，货币从投入流通界开始就肩负着人的使命，不仅如此，货币每流通一次，就带着人的使命，是完成人的货币使命的结果。

一、货币使命的性质

掌握货币的人，根据客观形势的发展，按照已定的目标和任务，根据自身的需要，支配、调节、控制自己的货币行为，克服各种困难，从而实现货币行为目标、任务。人在认识客观世界的过程中，不仅能够认识客观世界，而且要采取货币行为反作用于客观世界，人在充分认识客观世界后，要确定自己的货币使命，根据货币使命的目标、任务，制定自己的货币行为，力求实现这个货币使命。

人的货币使命是随着实践的发展而不断发展的，旧的货币使命确定的目标、任务完成后，要总结经验教训，根据货币使命确定的新目标、新任务，实现新的货币使命。从宏观上讲，货币使命是指国家对货币使命提出目标、任务，把一定数量的货币投入流通界，或者从流通界回笼一定数量的货币，以实现国家经济发展总目标、总任务。

从微观上讲，货币使命是指根据个人生存、生活、社交等各方面的需要把货币投入流通界，或者通过劳动、工作获得一定数量的货币，以满足人的各方面需要。

综上所述，货币使命是人有目的的货币行为，表现在人能动地反映世界和改造世界的能力，货币使命的性质具体地反映在以下五个主要方面：

第一，货币使命的目的性和计划性。在反映客观世界时，人们总是根据实践发展的需要，产生一定的主观想法和要求，并达到一定的目的。所以，货币使命带着人的目的性，这种目的性是有计划、有步骤地实现的，所以，货币使命具有目的性和计划性。

第二，货币使命的主动性。人们对客观世界的反映是主动的，而且能够由感性认识上升到理性认识，反映事物的本质和规律，而且通过实践，逐步形成正确的思想，改造客观世界，实现人的主观愿望，所以，货币使命充满着人的主动性。

第三，货币使命的前进性。货币使命是不断发展和提高的，不可能停留在一个水平上，货币使命随着货币、金融实际工作以及经济工作的发展而不断向前发展，在实践中通过总结经验，不断提高和完善，摆脱原有的认识水平，形成创新性思维、新理念，货币使命的前进性更充分地发挥货币对经济、社会的作用。

第四，货币使命的连续性。客观世界是不断向前发展的，经济、金融形势是不断向前发展的，货币使命也是不断向前发展的，货币使命原有的目标、任务完成后，在取得成绩和积累经验的基础上，产生新的货币使命，这种货币使命的连续性使实践经验不断积累，使货币使命的制定、执行、完成逐步达到更高的水平。

第五，货币使命必须符合客观规律的要求。货币使命的目标、任务，以及货币使命的制定、执行、完成，必须遵循货币运行客观规律的要求。货币使命的主观要求必须与货币运行客观规律的要求相一致，这样货币使命才能起到积极作用，促进经济的高质量发展，促进货币金融工作的开展，对经济发挥更好的作用；反之，如果违反了货币运行规律的客观要求，货币使命就不能完成预定的目标、任务，甚至会产生负面作用和影响。

二、货币使命与货币行为的关系

人是在货币使命的支配下实施货币行为的，货币使命的实现和完成是通过许多具体的、复杂的货币行为完成的。在货币行为完成货币使命的过程中，伴随着许多具体的、复杂的心理过程，货币使命引起的货币行为有以下四个基本特征：

第一，货币使命产生的是有目的的货币行为。在货币行为开始前，货币行为要达到的预期效果，已经以货币使命的形式存在于人脑中，货币行为的目标、任务、方法、步骤已经在货币使命中明确地提了出来，所以，没有货币使命，就没有货币行为。

人的货币行为始终是在货币使命的要求和调节下进行的，货币使命的要求明确、坚定、具体就能积极有效地调节货币行为，并且在实现货币使命的过程中，货币行为表现出积极、顽强的进取精神，货币使命就会发挥最大的作用；反之，货币使命的要求不明确、不坚定、不具体，就会对货币行为产生负面影响。

第二，货币使命对人的货币行为起调节作用。货币使命对人的货币行为的调节作用体现为确定货币行为的方向性，调节人的心理，推动人完成货币使命，排除对货币行为的各种干扰，使货币行为为实现货币使命的要求服务。

第三，货币行为在克服各种困难中完成货币使命。在实现货币使命的过程中，货币行为往往会遇到许多困难，例如，人的阻力较大、条件恶劣、信心不足等，只有在克服各种困难中，人的货币行为才能完成货币使命。

第四，货币行为完成货币使命是受人的意识调节和支配的。人的意识良好，有很强的责任心、自觉性、积极性，货币行为就能很好地完成货币使命；反之，人的责任心差、自觉性差、积极性差，货币行为完成货币使命就会受到很大的负面影响。

三、货币使命的心理过程

货币使命的心理过程是指货币使命对货币行为积极能动的调节过程，它有一个发生、发展和完成的过程。货币使命产生货币行为分为两个阶段：采取货币行为的决定阶段，包括对货币动机的比较、选择和确定，它决定了货币行为的目的；货币行为的执行阶段，包括货币行为方法、策略的选择以及克服困难执行决定。

采取货币行为的决定阶段。这一阶段是货币行为的开始阶段，是货币行为的比较、选择、确定阶段。人的货币行为是由一定的货币动机引起来的，货币动机是激起人们货币行为的驱动力，由货币动机过渡到货币行为的过程是不同的。在简单的货币行为中，货币动机是单一的、明确的，通过习惯性的货币行为方式就过渡到货币行为上，但是，在复杂的货币行为中，货币动机是复杂的，需要对货币动机进行比较、选择、确定的心理过程，包括权衡货币动机的得失，评定其社会价值，以及解除人的心理障碍等，这就牵涉到个人、集体、国家之间利益的选择，体现了个人的思想、道德、伦理水平。

个人货币使命的目的对于决定货币行为是很重要的。选择正确的货币使命目的，就能确定正确的货币动机，个人货币使命目的越正确、明确、坚定，对社会的价值越大、越深刻，人的货币动机的劲头也越大，毅力也越大，引起人的货币行为的力量也越大；相反，一个人没有明确的个人货币使命目的，往往表现为患得患失，斤斤计较，因此，拉动货币行为的力量就小，就会形成无所为的货币行为。所以，在货币使命的决定阶段，必须选择对社会有价值的、有现实意义的、目的性很明确的货币使命，这是货币使命决定阶段的重要任务。

货币行为的执行阶段。完成货币使命是货币行为执行阶段的根本任务，在这个阶段就是要解决如何实现货币使命，即解决怎样做的问题，要解决货币行为的策略选择，以及货币行为的方法、步骤。这个阶段反映了一个人的经验、认知水平和能力。必须从实际出发，选择货币行为的方式、方法、解决方案，要合理、合法、合乎规律。要深入实际，多做调查研究，进行分析、比较、选择。有时选择的货币行为符合个人的意愿，但是不符合人情，不符合社会道德规范，这种货币行为一定要排除。要排除各种干扰，克服困难，实现货币使命。在实现货币使命的过程中，要消除和抵制各种外来的诱惑，承受各种压力，排除各种干扰，全心全意地为实现货币使命而努力。

四、实现个人货币使命的心理成分

在个人货币使命的确定、发展和完成过程中，货币心理的成分是很复杂的，具体包括以下五种主要的货币心理成分：

（一）货币使命的矛盾心理

个人货币使命的选择和执行会产生各种矛盾的心理，矛盾是指多个货币使命追求的矛盾，一个货币使命追求过程中产生的心理矛盾和复杂的心理情绪，以及多个货币使命选择、比较的矛盾。这种矛盾常常带来焦虑不安、着急烦躁的心理。

（二）货币使命目标

货币使命目标是确定并指导货币行为的内在心理表征。个人的货币使命目标是指个人希望达到的生活目标和人生追求的目标。个人以目标的心理表征来检验货币行为，确定自己是否要继续维持某种货币行为，是否已接近货币使命的目标。

引导人们追求货币使命目标的动机是多种多样的，有自尊、赞许、快乐、友谊、权力、攻击、紧张、冲突、情感、支持等，既可能是简单的，也可能是复杂的，还可能有独特的目标；既有短期的货币使命目标，也可能有长期的货币使命目标；既可能是单一的货币使命目标，也可能是多个货币使命目标。

正确的货币使用目标使人产生饱满的、积极的货币情绪，而背弃货币使命目标使人产生消极的货币情绪。为了保持人长期的努力，要在内心激励自己向着目标不断努力，完成预定的货币使命目标，可以追求更高的、更有价值的新的货币使命目标。

货币使命目标对人的货币行为产生重要作用，有较高、较明确货币使命目标的人更努力、更勤奋，一个货币使命目标实现了，又追求更高、更有价值的、新的货币使命目标。

（三）人的抱负水平

抱负水平是个人在从事某种实际工作以前，估计自己能达到的成就水平。它和个人确定的货币使命目标有密切联系，货币使命目标越高，人的抱负水平也就越高；反之，货币使命确定的目标越低，人的抱负水平就越低。个人的抱负水平是后天形成的，主要有以下三个因素影响人的抱负水平。

第一，自信心。自信心既是过去成就的结果，又会影响今后的成就。具有自信心的人，抱负水平也高，这种人往往会把现在确定的货币使命目标与过去实现货币使命取得的成绩作比较，结合起来思考，因而货币抱负水平也高。

第二，个人货币行为的成败经验。货币行为成功的经验越多，抱负水平就越高；相反地，失败的挫折往往会降低人的抱负水平，甚至使人越来越没有抱负。

第三，所在单位集体的成败经验。个人的成败经验直接影响个人的抱负水平，单位集体的成败经验间接影响个人抱负水平。个人通常缺乏经验，往往是所在单位集体的成败经验影响个人的抱负水平。

（四）自信心

自信心是个人相信自己，对自己所想的、所为的货币行为充满信心，对自己实现确定的货币使命目标也充满信心。自信心是人的心理的重要成分，自信心对人的货币行为具有重要作用，具体表现在以下四个方面：

第一，自信心对确定货币使命目标具有重要作用。有自信心的人，确定的货币使命目标往往较高，付出的努力也较多；反之，没有自信心的人，确定的货币使命目标往往较低，付出的努力也少。没有自信心的人在遇到困难时，往往畏缩不前。

第二，自信心影响人实现货币使命目标、任务的情绪。有自信心的人，乐于接受货币使命目标，感到任务压力较小，采取货币行为的积极性较高，步伐也较快；反之，没有自信心的人，感到压力较大，货币行为迟缓，犹豫不决，实现货币使命的目标、任务可能性也较小，不能完成货币使命或者不能完全完成货币使命的可能性较大。

第三，自信心直接影响完成货币使命的承受性和坚持性。有自信的人，在完成货币使命的过程中，会努力拼搏，顽强地坚持下去，甚至当遭到失败时，还会继续寻找失败的原因，继续努力，长期坚持，直到胜利地完成货币使命；反之，没有自信的人，遇到困难和挫折就畏缩不前，以各种客观原因为借口，通常半途而废。

第四，有自信心的人，完成货币使命后，自己内心充满快乐，产生成就感、幸福感，会继续追求更高的、更繁重的货币使命。所以，有自信心的人与快乐幸福的心理密切联系在一起。

（五）决策

决策是一个重要的货币心理成分，无论是对于货币使命或实现货币使命的货币行为而言都是十分重要的。决策就是货币使命和货币行为的选择过程，决策大致可以分为几个步骤，认识到完成货币使命的货币行为的必要性和重要性，确定实现货币使命的货币行为步骤，形成货币行为的方案比较，评估货币行为方案的优缺点，最后对货币行为作出决策。

货币行为的决策往往是可以修改、提高和充实的，最初的货币行为方案通常是不完备的，可以重新补充、修改、提高。在决策的选择过程中，还要考虑到决策的风险性、实现的可能性、成功的可能性。人们往往会过高地估计自己决策的正确性，所以，作出决策前一定要进行实际的调查研究、评估、充分论证，听取各方面的意见，使决策更符合实际，不断提高决策的科学性和正确性，这是确定货币行为的重要步骤。

五、货币使命的调节与控制

货币使命是促进经济高质量发展、提高和改善人民生活经济杠杆的核心，货币使命为经济发展中的货币行为指明了方向、目标任务和要求。人们的货币行为都围绕着货币使命这个核心，人们研究、谋划、比较、选择、提出实施方案，实现和完成货币使命，使货币对经济、社会发展发挥更大的作用。

从宏观上来说，所有国家金融、经济工作人员都要为全心全意地实现货币使命提出的目标、任务、要求而努力。要坚持货币使命的正确性，预防或减少货币使命的歪曲性，并根据经济发展形势的要求，做适当的调整与完善，这就是货币使命的调节与控制。

从微观上来说，个人确定的货币使命必须服从国家、集体的利益，坚持做人的道德伦理标准，更好地满足生存、生活、社交等各方面的需要，给人们带去快乐和幸福。如果离开了个人货币使命的这些基本要求，就需要作出调节与控制。人们的世界观、人生观、价值观不同，对个人来说，个人货币使命的调节与控制显得特别重要。

个人货币使命的调节与控制是个人操作货币行为的结果，是使它与预期目标相一致的过程。货币使命调节与控制的作用是通过对货币行为的激励和限制来实现的，激励表现为推动人为了实现个人正确的货币使命目标而积极行动，限制是指制止与货币使命目标相违背的货币行为。

人在实现个人货币使命的过程中往往会遇到心理和外部的障碍。心理障碍主要是指认识不足，缺乏信心和决心，疲劳及分心等；外部障碍主要是指人和环境的干扰。只有调节和控制心理上的障碍，排除或控制外部障碍，才能实现货币使命的预期目标。

个人货币使命失控的原因，有的来自内心的心理障碍，有的来自外部的环境或事件。当人们遇到心理上的严重障碍，或者是外在的威胁性情况而自己无力应付时，就会觉得自己对事件失去了控制能力。

所以，人们在事前一定要进行长期的对货币使命失控预防能力的培养和锻炼，这样才能培养自己有较强的货币使命调节和控制的能力。培养和锻炼对货币使命的调节和控制的能力，主要包括以下四个方面：

第一，自觉性。这是指在货币使命的调节和控制中具有明确的目的，能够认识自己货币行为的社会意义，并使自己的货币行为服从社会的要求，自己千方百计地克服困难，充分发挥主观能动性，有目的性地、有计划地对个人的货币使命进行调节和控制。

第二，果断性。这是指善于明辨是非，抓住时机，迅速和合理地作出决定，能够全面而深刻地考虑自己货币行为的目的，以及达到目的的步骤和方法，对个人的货币使命进行调节和控制。

第三，坚持性。这是指对货币使命调节和控制的坚定性。在调节和控制货币使命的过程中，保持充沛的精力和毅力，勇于克服困难，排除各种干扰，百折不挠，最终达到目的，实现对货币使命的调节和控制。

第四，实践性。这是指增强对货币使命调节和控制的能力，必须加强在实践中的锻炼。在实践中取得直接的经验，在实践中总结教训，这样才能培养和锻炼对货币使命调节和控制的实际能力。

复习思考题

1. 简述货币使命的性质。
2. 简述货币使命与货币行为的关系。
3. 简述货币使命的心理过程。
4. 什么是货币心理成分？有哪些货币心理成分？
5. 什么是货币使命的失控？有哪些表现？
6. 如何调节和控制个人货币使命？

第九章　货币行为

货币行为是市场经济中最重要的人的行为。货币行为在人的行为中占据特殊重要和显著的地位，应从人的货币行为的角度具体、深入地探讨货币心理学。货币心理学从根本上说是一门研究货币行为和心理过程的科学。

一、货币行为的性质

货币是经济活动的核心，人的货币行为也是围绕这个核心发生的。人的生存、生活都离不开货币行为，衣、食、住、行都和货币行为发生密切的联系，衣服要通过货币来购买，食物要通过货币来采购，住房要通过货币来购买，行路要通过货币来支付。不仅人的物质生活依赖货币行为，人的精神生活同样依赖货币行为，看书阅报、旅游、娱乐、社交等都要通过货币行为来实现。

根据以上分析，货币行为具有以下四个特性：

第一，货币行为的普遍性。个人的经济生活离不开货币行为，货币行为是满足人的物质生活和精神生活所必需的人的行为，没有货币行为，就无法满足人的生存、生活需要。

第二，货币行为的随时性。为了满足人生理上的需要，货币行为会随时发生，因为人在生理上随时都会发生对生存、生活的需要，比如人离不开水一样，随时都会发生满足这种需要的货币行为。

第三，货币行为的随地性。货币行为不仅随时都发生，而且处处都发生，没有一个地方不发生货币行为，在家里会发生货币行为，离家到外地更会发生货币行为，就像人离不开空气一样。

第四，货币行为的频繁性。人生理上频繁地产生对各种货币行为的需要，从生理上产生需要，到产生货币动机，再到产生货币行为，在这个过程中，引起人们心理上的各种思考、选择、比较等货币行为，货币行为在人们的心理上每天都是频繁地发生的。

以上货币行为的普遍性、随时性、随地性、频繁性说明了货币行为的性质，货币行为在人的心理和行为上占有特殊重要的地位。

二、货币行为与货币动机的关系

前面阐述了货币动机转化为货币行为的六个过程，即货币动机逐步增强的过程，货币动机的思考逐步清楚的过程，货币动机的决心逐步确定的过程，货币动机转化为货币行为的客观条件逐步形成、完善的过程，货币动机转化为货币行为的后果逐步看清楚的过程，货币行为反复比较和选择的过程。

从这六个过程能够清楚地看到货币动机是促进货币行为，满足人的需要和欲望的内在动力，它是产生货币行为的根本原因。货币动机和货币行为的关系是十分紧密的，表现在以下六个关系上：

第一，货币动机转化为货币行为的强度关系。货币动机是由人的各种需要和欲望引起的，但是，不是所有的需要和欲望都会引起货币行为。人的需要和欲望都能转化为货币动机，需要和欲望转化为货币行为必须要有一定的强度。这种强度要达到从量变到质变的程度，发生质变，才能转化为货币行为。没有达到这个强度是不会产生货币行为的。

第二，货币动机产生货币行为的原因关系。货币动机是一种人的生理上的内部刺激，这种刺激来自人的需要和欲望，形成人生理上的不安与紧张情绪，形成一种内在的驱动力，这是货币行为产生的原因。货币行为发生后，人的需要和欲望得到了暂时的满足，人的紧张情绪得到了缓和，人的生理状态又逐步恢复正常。

第三，货币动机和货币行为目标的关系。货币动机提出了货币行为要实现的目标，人的货币动机要实现的目标是多方面的，是因人而异的，最一般的货币动机是更好地满足衣、食、住、行的需要。随着经济的发展，人民生活水平的提高，人们有了更高层次的生存、生活的需要，但是，每个人还有其他方面的特殊需要，也是更高层次的需要，这是千差万别的，所以，人的货币动机的目标不同，产生的货币行为也是不同的。

第四，货币动机和货币行为恢复人的心理平衡的关系。货币动机通过货币行为实现货币动机的目的，人在生理上恢复平衡状态。人的生理是在产生需要和欲望后发生失衡状态，导致产生一种失衡紧张状态，只有通过货币动机产生货币行为，并通过货币行为得到满足后，人的生理才能恢复到平衡状态。

第五，货币动机产生货币行为满足人的社交需要的关系。人的生存、生活不仅有生理上的需要，而且有社交上的需要和欲望。人不是孤立地存在的，人总是和群体分不开的，如果人没有社交关系和发生货币行为，就会在心理上产生不平衡的感觉。只有通过社交，了解各方面的信息，进行人与人之间的交流，产生友谊，产生感情，才会在生理上产生平衡状态，而这种交往、这种友谊、这种感情只有通过货币行为才能充分实现。

第六，货币动机转化为货币行为主客观条件的关系。货币动机转化为货币行为需要具备主观、客观条件，主观上产生了货币动机，但是，客观上不存在实现货币行为的条件，货币动机也不能转化为货币行为；反之，货币动机具备了转化为货币行为的客观条件，但是，货币行为的主观条件不成熟、不强烈，也是不能转化为货币行为的。只有同时具备了转化的主观、客观条件，货币动机才能够转化为货币行为。

根据以上分析，货币动机是货币行为的出发点，是内在的驱动力，只有正确认识货币动机与货币行为上述六个方面的关系，才能使货币动机转化为货币行为，使人的货币行为满足人生存、生活、社交等各方面的需要，使人的货币生理处在正常、平衡、舒适的状态中。

三、货币行为的三个主要领域

在商品经济条件下，以个人为中心，发生货币行为的三个主要领域是货币交换、货币关系、个人货币行为。

（一）货币交换

人们日常生存、生活上的货币需要和欲望，都是通过货币来实现的，货币交换的基础是等价交换，这是一切货币行为的基础和核心。人类的历史、现实的生活、商品所有者的利益、货币流通规律的客观要求都充分说明了货币交换都是环绕着等价交换这个核心进行的，一切违背等价交换这个核心的货币行为，都是违背货币流通规律的客观要求的，都是违法的，都是违背人类伦理、道德要求的。

货币交换存在着等价交换，就必然存在着不等价交换，这是一个事物的两个方面。货币交换存在着不等价交换，从人的心理来说，这种货币行为不可能是赤裸裸的、看得见的、摸得着的。如果是这样，不等价交换就很难存在，因为它直接损害了货币交换一方的利益，这种货币交换是很难成立的、很难实现的。所以，商品出售者从心理上为了获得更多货币，采取了表面上是等价的、实际上是不等价的隐蔽形式，这种货币行为在现实生活中是多种多样的，是很复杂的，是经常发生的。马克思著名的剩余价值学说就是通过货币交换的现象揭露了不等价交换本质的典范。

在中国特色社会主义制度下，人民当家作主，人民处在主人翁的地位，全心全意为人民服务是为人的宗旨，表面上是等价交换、实际上不是等价交换的货币行为已经大大减少。但是，在现实的经济生活中，这种货币行为仍然存在，这主要是因为从主观上说，极少数人从心理上仍然想通过这种隐蔽的方式多获得货币。从客观上说，还有一定的空隙可乘。例如，商品流通的渠道有待进一步规范，消费市场有待进一步整顿和治理，民营企业的劳资关系有待进一步协调，市场监管有待进一步加强。而且商品的等价交换要通过长期的商品交换实践得到进一步的论证和验证。

减少和消除表面上等价、实际上不等价的货币交换仍然是一个长期的、艰巨的任务。要进一步消除人们企图通过表面上等价、实际上不等价的方式获取更多货币的心理障碍，只有在心理上获得解放，才能逐步消除这种心理上的障碍，使经济高质量发展的成果更多、更公平、更合理地惠及全体人民，促进社会公平、正义、合理，才能逐步减少和消除表面上等价、实际上不等价的货币交换，更好地满足广大人民过上美好生活的需要。

等价交换是货币交换的核心和根本原则，也是货币行为的根本原则。一切违反等价交换这个根本原则的货币行为都是不允许的，是要受到谴责的，甚至是违法的。不是通过自己辛勤劳动和工作得到的货币，都不能伸手去拿，有了第一次不等价货币交换产生的货币行为，获取了更多的货币，就有可能发生第二次、第三次，甚至是更多次，就会把自己引到邪路上去，甚至是毁灭了自己的一生，这就是具有表面上等价、实际上不等价以获取更多货币的心理带来的极大危害。

(二) 货币关系

货币关系是货币行为反映和体现的人与人之间的关系，人与人之间的货币关系主要包括亲属、朋友、伙伴三种，具体是指人与人之间通过相处、交换、了解、接触，在一段时间内，借助心理、感情、行为所表现的亲情、友谊、合作的关系。

亲属之间发生的货币关系引起的货币行为应该是亲密的、珍贵的、无间的。如果夫妻之间对货币行为有所隐瞒，那就是夫妻之间的关系产生了裂痕。父母子女之间的货币行为、兄弟姐妹之间的货币行为也是这样。

朋友之间的货币行为反映和体现了人们之间的友谊，友谊是珍贵的，人失去了友谊，就失去了重要的精神支柱、精神力量，货币行为应该促进和加深人们之间的友谊。

合作伙伴之间的货币行为应根据事前合作协议来规范，相互之间的货币行为应该是促进所订协议的实现，有助于双方享受协议的成果，有利于建立互相合作的伙伴关系。

(三) 个人货币行为

个人货币行为是指个人需要和欲望产生的货币行为，这种货币行为主要包括货币收入、货币支出、货币结余。

货币收入会给人带来心理上的快乐，但是，如果收入没有达到预期，也会给人带来苦恼。

货币支出是为了满足人的需要和欲望而产生的货币行为，同样会给人带来快乐，但是，由于支出没有达到目的，或者支出不适当，也会给人带来苦恼。

货币结余是指自己的辛勤劳动和工作最后产生的成果，人们看见自己心血、汗水换来的劳动成果，在心理上是快乐的，但是，往往由于这种货币行为产生的结余成果和自己的预想、期待有差距，带来了苦恼的货币心理。

上述货币收入、货币支出、货币结余三种货币行为都能给人带来快乐，同时也会给人带来苦恼。一个人的需要和欲望没有被满足，往往是因为其有无止境的货币心理，这样的人应该提高认识，提高素质，逐步消除和改正这种货币心理，这样才能使个人的货币行为长久地带来快乐的货币心理。

四、货币行为三个“六”决定论

综合以上分析，货币行为是由以下三个“六”决定的：

第一个“六”是决定货币动机转换为货币行为的六个过程，即货币动机逐步增强的过程，货币动机的思考逐步清楚的过程，货币动机的决心逐步确定的过程，货币动机转化为货币行为的客观条件逐步形成、完善的过程，货币动机转化为货币行为的后果逐步看清楚的过程，货币行为反复比较和选择的过程。

第二个“六”是货币动机转化为货币行为的六个关系，即货币动机转化为货币行为的强度关系、货币动机产生货币行为的原因关系、货币动机和货币行为目标的关系、货币动机和货币行为恢复人的心理平衡的关系、货币动机产生货币行为满足社交需要的关系、货币动机转化为货币行为主客观条件的关系。

第三个“六”是货币心理转化为货币行为的六个决定因素，即货币需要、货币动机、货币情绪、货币人品、货币心理、货币心态。

货币需要。货币需要是人的货币行为积极性的基础，也是人的货币行为的原始动力，人的货币行为是由人的需要和行为决定的。人在需要被满足以后，又会产生新的货币需要，人的货币行为将得到不断调整。所以，人的需要是决定货币行为最原始的动力。

货币动机。货币动机是人的货币行为内在的推动力，决定货币行为的方向、目标，对人的货币行为具有激发、指引、维持和调节的功能。货币动机是人的货币心理转化为货币行为的原始动力。没有货币动机，人的货币心理就不可能转化为货币行为。

货币情绪。货币情绪和货币动机是密切联系的，它能够增加或减少货币动机转化为货币行为的力量，从而调控货币动机。货币情绪是一种特殊的货币动机，能够帮助人关注和应对重要的（通常是外来的情况、外来的人和物）、能够使人们兴奋的事件，还有助于人们交流货币动机的意图。货币情绪对于货币动机的作用表现在货币情绪引起货币动机，货币情绪驱动货币动机，货币情绪产生对货币动机的选择，货币情绪终止货币动机，货币情绪增加或减少货币动机，从而影响货币心理转化为货币动机。

货币人品。人品是人的品质性道德，是做人的根本。货币人品反映和体现人的品质，它表现在经济生活中人的态度和行为中，以及比较稳定的、具有核心意义的心理和行为中。人品集中反映和体现在人与人之间的货币交换、货币关系、货币行为上。货币人品高尚，货币动机能顺利地转化为货币行为；反之，货币人品低劣，货币动机转化为货币行为时时处处受阻。培养自己高尚的货币人品，减少和消除货币心理上的不良因素，人就能顺利地把货币动机转化为货币行为。

货币心理。货币心理在人们的日常经济生活中时时处处都产生作用。货币心理是人对货币的反映和想法的心理过程，将它看成是一个过程，是承认货币心理是动态和连续的，而非静止和离散的，而且还是货币心理的加工过程。这些过程包括对货币的认知、记忆、注意和知觉，货币心理是在人们的实践中形成的，良好的货币心理能促进健康的货币动机转化为货币行为。

货币心态。货币心态是人的货币心理和货币行为的生理基础。心态是一个人生活、工作、看待人生的心理基础，这是看不见、摸不着的。货币心态把握着人的货币心理和货币行为的方向。人们应该随时随地提升自己积极的货币心态，逐步去掉或减少消极的货币心态，使良好的货币心理转化为良好的货币行为，掌握心态这个人生航行的船舵，向着正确的、远大的目标乘风破浪前进。

根据以上分析，货币行为三个“六”决定论系统地阐述和论证了货币心理、货币行为的内涵、实质、内容、转化、作用，按照心理学研究人的心理如何转化为行为来研究货币心理转化为货币行为。

第一个“六”探讨了人的货币动机转化为货币行为的过程，是从货币心理转化为货币行为来探讨人的心理转化为货币行为的过程，在这一过程中货币心理逐步增强，强度从量变到质变，最后转化为货币行为。

第二个“六”探讨了货币动机转化为货币行为的六个因素，实质上是论述了货币心理转化为货币行为的内容和主客观条件，论证了只有在主客观条件都具备的情况下，货币动机才能转化为货币行为。

第三个“六”探讨了货币心理转化为货币行为的决定因素，以及每个因素对货币心理转化为货币行为的意义、内涵和作用。

这三个“六”是密切联系的，缺一不可。它们一步一步具体地、深入地、完整地探讨了货币心理产生货币动机、货币动机转化为货币行为的过程，按照心理学研究人的心理如何转化为行为来探讨货币心理转化为货币行为。

复习思考题

1. 简述货币行为的性质。

2. 简述货币行为与货币动机的关系。

3. 对于货币行为三个领域的划分，你有什么补充？

4. 为什么说货币行为三个“六”决定论系统地论证了货币心理的内涵和实质？

5. 简述三个“六”的相互关系。

6. 你对货币行为三个“六”决定论有什么看法？

第十章　货币心态

心态就是心理状态。拥有好心态，才能有好生活。心态决定人生，心态好才是真正的好，一个人能否成功，心态是关键。心态好的人，总能绝境重生，逆境崛起，心态好，一切都好。

一、货币心态是货币心理和货币行为的心理基础

心态是一个人生活、劳动、工作、看待货币、看待人生、看待世界的心理基础，这是看不见、摸不着的人生船舵，也是货币心理、货币行为的船舵，把控着人的货币心理和货币行为的前进方向，而我们自己对此却毫无觉察。忽视货币心态，就是忽视自己错误的货币心理和货币行为。研究货币心态，就是要提升自己对货币心理、货币行为的驾驭力。

（一）货币心态的特征

货币心态的特征有以下三个：

第一，货币心态的形成性。货币心态不是人固有的，而是后天逐步形成的，是通过对货币交换、货币关系、货币行为的直觉、感觉、思考以及信息的交流等逐步形成的。有些人往往觉得自己的货币心态是固有的，或者是已经形成而不能改变的，这就无法提升自己的货币心态，改善自己的货币心态，这是不对的，而是要开启货币心态自我

觉醒之道。

不仅货币心态是后天形成的，而且往往是在无意识之间形成的。人们后天通过对货币的感受、思考、判断等在无意识间形成了自己的货币心态。自己并不了解通过对货币的感受、思考、判断等形成货币心态的过程。如果人们能够认真地、深入地分析、研究自己后天形成货币心态的过程，就能够提升对无意识货币心态的驾驭力，更好地向着正确的方向前进。

第二，货币心态的变化性。人的货币心态不是永恒的，是会发生变化的。但是，在日常经济生活中，人们往往认定自己的货币心态已经形成，对货币心理、货币行为的思考已经无可挑剔，不想改善。但是，恰恰相反，人的货币心态是后天形成的，是不断变化的，不同的货币心态就会导致不同的货币心理和货币行为，最后得出来的结论也会大不相同。所以，要不断改善和提升自己的货币心态。

第三，货币心态的情境性。情境是指人们遇到的外界事件和环境，货币心态发生在一定的情境中并受其影响。人们总是在一定的情境条件下形成货币心态，并且情境影响人的货币心态。

所以，必须要在情境的变化中具体分析、研究人的货币心态的变化，这是十分重要的。如果不深入地、具体地研究和分析情境变化对自己货币心态变化的影响，人们就不能正确地掌握自己的货币心理和货币行为，就不能进一步提升自己的货币心态。

（二）货币心态的基本作用

货币心态的基本作用包括以下三个：

第一，货币心态在人的货币心理和货币行为中起着基础性且无意识的作用。前面已经分析过，在商品经济社会，货币在人们生存、生活中占据显著的、重要的地位，这决定了货币心态在人的心态中占据显著的、重要的地位。货币心态决定着你关注的事物，从而支配你如何诠释这个世界，如何处理收到的货币信息，如何作出货币决策，如何感受和了解这个世界，如何与这个世界交流，以及如何回应这个世界，这是因为人生目标、期望、责任和义务决定货币心态，你的货币心态塑造了你的生活的方方面面，而你自己几乎无所觉察。正因为你对自己货币心态的不自知，没有意识到自己的货币心态是可以被提升的，你无法发现自己货币心态的潜力；如果你意识到自己的货币心态是可以提升的，并且了解如何提升自己的货币心态，你就有更大的能量，你就会提升自己的货币心态，使自己的经济生活过得更有意义、更快乐。

根据以上分析，人的货币心态决定了人怎样看待世界，怎样看待人生，怎样面对生活，怎样看待货币，也决定了人的货币心理、货币行为。

第二，货币心态能提升人面对环境和应对环境变迁的能力。货币心态潜移默化地塑造人们在环境变迁中的思考、反应和货币行为方式，甚至人的心态的作用如此强大，以至于能够逐步改变人所在的环境。人们面对相同的情景，会产生完全不同的认知，就是因为货币心态不同。有些人会选择回避面对的挑战，但有些人则认为这是学习和成长的契机；有些人认为他人的反对声是一种威胁，但有些人则认为这是提升自己货币心理、货币行为的契机；有些人要回避风险，但有些人则认为这是必经之路；有些人把与自己相关的人视同物体，有些人则将与自己相关的人视为亲人。正是你的心态使你相信自己的思维是最佳的，自己的货币心理和货币行为是最好的，使你充满信心地劳动或工作，成就你的事业。

第三，货币心态是无形的船舵。人的大脑每分每秒都在被无数的信息穿过，你的思维只会过滤出对你重要的信息，只有那些被不断过滤和处理过的信息，才能有利于发展你的思考力、学习力和行为力。

所以，货币心态就是你的货币心理能量的过滤器。

当人们面临货币交换的成功或失败时，就会根据当时的情境作出回应，接受自己认为是对的货币信息，或者失败的货币信息，然后自己再对比、思考和行动。

人们的货币心态是看不见、摸不着的无形的船舵，正在无意识地把握人生的方向，人只有了解和感知到这些无意识的活动，才能更好地意识到，并更有力地操控人生航船，驶向更美好的港湾。

二、正确的货币心态开启正确的货币心理和货币行为

人们忽视自己的货币心态，就是限制自己掌控货币心理和货币行为的能力。从表面上看，忽视自己的货币心态，是限制自我意识，使人无法客观地看待自己，审视自己本能的货币心理和货币行为。人往往把原因归咎于外界，如外界的条件不具备或不够好，或者归咎于内在的因素，如自己的学历、经历不够，因此不能提升自己的货币心态，使自己的货币心态还停留在原地，不能提升自己的货币心理和货币行为。

从根本上说，如果我们一直忽视自己的货币心态，货币就会心态停滞，那么我们就是在阻止提升自己的货币心理和货币行为；相反地，如果我们能够认识到和觉悟到必须提升自己的货币心态，一个无限美好的世界就会被打开，这是因为货币心态是驱动人提高货币心理、货币行为的原动力。

觉知自己的货币心态，觉知自己应该提升货币心理、货币行为，这是人生最大的发现。因为人生最大的发现就是发现自己，认识自己。认识自己的货币心理、货币行为，才能提升自己的货币心理、货币行为。心态是人们所有行为的根基，货币心态从根本上决定了人们

的货币心理、货币行为，必须认识自己的货币心态，这对一个人来说是十分重要的。只有深刻地认识到这个重要性之后，才能找到真正的自己，才能找到自己的货币心理、货币行为，在这个基础上，才能提升自己的货币心理、货币行为。

只要人们能够提升自己的货币心态，使它变得更积极、更正确，就能有效地提升人们的货币心理、货币行为，使人们的生活和工作获得更大的成功。

三、货币心态的主要类型

人们最重要的货币心态包括以下几种类型：

（一）终止型货币心态、提升型货币心态

终止型货币心态和提升型货币心态是两类不同的货币心态。拥有终止型货币心态的人相信自己的能力、天赋和智力是永恒的，是不能改变的；拥有提升型货币心态的人相信人的货币心态是可以改变的，人可以提升自己的货币心态。这是两类不同的货币心态的根本区别。

拥有终止型货币心态的人不想提升自己的货币心态，往往只关注自己在别人眼里是否完美，他们不能接受失败，会躲避任何挑战，遭遇困难时会轻易放弃，因此会丧失许多机会，失去了锻炼自己能力的原动力。

拥有提升型货币心态的人认为成功者的标志是迎接挑战，善于学习，重视自己的努力和付出，在困难面前永不言败，他们认为挑战才能让自己提升心态，不断进步，保持乐观，愿意为实现目标而坚持不懈地努力，而不是一旦遭遇困难就立刻退下阵来；相反，他们会比之前付出更多的精力和心血，并会取得更大的成绩，他们把困难和挑战看成是学习和成长的机会。

能力并非天生，人们的天赋与自己的努力和付出有关，而不是与生俱来的。一个人的表现如何，更多地反映了自己的努力程度，而不是天赋，而且人的能力也是在实践中通过辛勤劳动和努力工作得来的，而不是天生的。只有迎接挑战，不懈努力，热爱学习，直面困难，坚持不懈，人们才能培养和提高自己的能力。

如何提升自己的货币心态？首先要识别自己的货币心态是属于哪一种心态，了解自己的心态是提升自己的货币心态的起点。拥有终止型货币心态的人往往显示自己的聪明才智或者优点，重视地位、等级和权力。当发生挫折时，他们总是怨天尤人，推卸责任，而不是勇于担当，他们总是想高人一等，如果不能轻而易举地完成一项任务，他们就会迅速地失去兴趣，当受到建设性批评时，则容易出现防御行为，愿意选择驾轻就熟的路径，而不是选择促进进步、提高的路径。

提升型货币心态和终止型货币心态有根本的不同，提升型货币心态具有以下特点：

第一，愿意选择挑战性的任务和艰苦奋斗的机会。迎接挑战，迎接困难，是自己在实践中学习的最好的机会，是提升和锻炼自己最好的机会。具有提升型货币心态的人愿意打破地位和等级的束缚，能够临危受命，喜欢和那些给自己指教、补足自己在某些方面缺陷的人一起共事。如果不能顺利达到目的，他们乐意做更多的尝试和付出。他人的努力也会让自己感到有力量，他们愿意接受探索性的批评，通常会坚持选择挑战性的任务。

第二，认识到自己现在的货币心态，才能确定提升货币心态的目标、任务、步骤和方法。只有认识自己，才能提升自己，才能明确自己提升的目标、方法和步骤。人们要反省终止型货币心态对自己的危害，危害在哪里？弊病在哪里？给自己在物质和精神上造成的损失在哪里？只有深入地分析危害及其产生的原因，才能改变原有的货币心态，努力提升自己的货币心态。这是一个较长期的思想反省、思想斗争的过程，一定要坚持不懈，努力向前。

第三，只有真正反省、检讨、认识过去终止型货币心态的危害，才能逐步从原有的货币心态转换和提升为提升型货币心态。提升货币心态是一个艰难的过程，要更多地学习、思考和接受新事物，要用一种崭新的方式看待这个世界，看待人生，看待货币心理、货币行为，要做更大的努力和更多的付出。将提升货币心态看成是对自己的一次新的挑战、新的学习机会、新的锻炼自己的机会，不仅可以提升货币心态，而且可以提升自己的学习力、思考力、行动力，也会让人们的工作、劳动、生活大放异彩。

（二）交流型货币心态、独自型货币心态

每一种心态都是被不同的人生目标所驱动的，拥有交流型货币心态的人会更加关心和寻找事物的真相，以最佳的方式进行思考，这是因为他们认为自己掌握的货币信息是不够的、不全面的，也还可能有错误，他们会谋求他人的想法和建议，相互交流，使自己更接近事实的真相。只有拥有这样货币心态的人，才能做到不满足于自我的需求，也就不会总想着自己会不会犯错误，或者认为自己是无所不知的，会规避一些限制自己思维和影响自己决策的障碍，特别是和家人敞开交流尤为重要，和亲人、朋友、合作伙伴之间的诚心交流是十分必要的。

拥有独自型货币心态的人关注的重点是自己是否正确，在他人眼里自己是否正确，他们总是认为自己的想法是最佳的，总是对他人的建议和想法听不进去，总是重视和相信与自己一致的想法和信息，回避那些与自己想法、观点不一致的观点和信息。

若想知道自己的货币心态是属于交流型的货币心态还是独自型的货币心态，可以通过拥有这两种不同货币心态的人的以下特点来辨别自己的货币心态。

拥有交流型货币心态的人的特点是：坦然地面对自己可能犯错误的事实，寻求和自己想法不一致的观点，喜欢询问他人，以确认自己的想法是否正确，理解他人的所思所想，欢迎批评，并希望从中有所收获，主动听取别人不同的意见，希望自己的想法受到挑战，鼓励他人指出自己可能犯的错误，和知识丰富的人在一起会感到无比的兴奋。

拥有独自型货币心态的人的特点是：顽固地而且毫无道理地坚持己见，愿意听取和自己想法一致的观点，重视如何证明自己观点的正确性，毫不思索地下结论，总是认为自己的思维是最佳的，不愿去探索不同的观点，总是相信自己拥有完美的答案，不理解别人的所思所想，也就是不研究他人看待事物的方式和想法，回避批评。如果受到批评，就采取防御的行为，喜欢展示自己的想法是对的，不愿意自己的想法受到挑战，和比自己知识丰富的人在一起会感到很不舒服。

为什么人们会拥有独自型的货币心态呢？主要有以下三个原因：

第一，拥有独自型货币心态的人，在性格上往往是比较孤僻的，不愿意和别人多接触，不愿意和别人多交流。

第二，拥有独自型货币心态的人，都希望高人一等，希望被人重视，被人尊重，保全自己现有的地位和处境，不愿意别人发现自己的缺点或不足。

第三，拥有独自型货币心态比较容易做到。因为拥有这种货币心态的人不需要收集信息，不需要听取别人意见，不需要分析研究，轻易就作出决定。

如何让拥有独自型货币心态的人转变为拥有交流型货币心态呢？最重要的是让他们多听取别人的意见和建议，敞开心扉，暴露自己的缺点和不足，把焦点放在寻求事实的真相上，培养对不同观点的兴趣，愿意承认自己的不足或缺点，摆脱自以为是，变得乐于学习和了解事物的真相。只有弄清楚事物的真相，多比较、多思考、多分析，使自己对真理、真相有清晰的追求，才能把独自型的货币心态转换成交流型的货币心态。

（三）开拓型货币心态、保守型货币心态

在日常经济生活中，如果人总是想躲避问题，不想有所损失，寻求安全和稳定，别无他求，这个人拥有的就是保守型货币心态。如果人想有所得和有所为，不惧风险，有明确的奋斗目标、努力方向，这个人拥有的就是开拓型货币心态。

拥有开拓型货币心态的人是生活中的驾驭者，把重要的事情列入日程表，主动为自己设立前进的目标，努力实现自己的目标；相反，拥有保守型货币心态的人是生活中的被动者，自己的日程表中没有列入任何重要的事情，随波逐流，受环境的支配，愿意做轻松简单的事情。

有的人总是关注如何回避损失，而不是如何创造价值和提高经济效益，以追求舒适生活为目的，允许周围的环境影响自己的心态，这个人就可能变成人生的过路客，而不是生活的驾驭者，这就是拥有保守型货币心态的人的特点。

有的人确立了奋斗的目标，使自己在人生旅途中有了方向感、目的感、紧迫感，成为自己人生的驾驭者，能够确定自己前进的方向和路线，愿意跨越崎岖的道路，实现自己的人生目标，这就是拥有开拓型货币心态的人的特点。

拥有开拓型货币心态的人最根本的是有一个明确的奋斗目标，在这个总的奋斗目标中，还有阶梯性的具体实施目标，这是前进的基石。阶梯性目标给人以力量，指导人实现总目标的货币行为，使人充满活力，提高毅力，强化自己实现总目标的愿望。期望人们都拥有开拓型的货币心态，每天都向着人生的总目标迈进，每天都感到全身充满着力量，愉快地、幸福地朝着既定的目标前进。

一个企业、单位领导人的货币心态决定一个企业、单位的业绩，影响企业、单位劳动者、工作者的货币心态，影响企业、单位实现长期和短期的奋斗目标。希望有更多的企业、单位的领导者、劳动者、工作者具有开拓型的货币心态，每天都朝着实现企业、单位的总目标迈进，每天都充满力量、快乐，团结向前。

（四）开源型货币心态、惦记型货币心态

拥有惦记型货币心态的人看待世界、看待人生，就是从货币的角度看待一切，脑中整天惦记着货币，自己有多少银行存款，相比上月、上年是增加还是减少；货币支出每月、一年是多少；货币结余还有多少；自己的货币资产有多少，自己的货币数量比他人多还是少；不考虑别人对货币的想法和需求。他们非常注意别人怎样看待自己，是有钱人，还是没有钱的人；是有价值的人，还是没有价值的人；把有没有货币、拥有多少货币看成是人生价值的唯一标准。

拥有开源型货币心态的人则不同，他们认为要开源节流，为企业、单位、社会开拓更多的财源。评价他人不能只看他拥有多少货币，要平等地对待他人，这样才能促进相互交流，相互帮助，才能创造开源性的环境，才能增加获得更多货币的机会。

人的一生往往存在关键的转折点，人所采取的行动、作出的决策、建立的人际关系、获得的见识、遇到的处境将从根本上改变人的一生轨迹。这些转折点往往有一个共同点，就是货币心态的改变，货币心态的改变将使人们对世界、人生、货币的看法发生变化，使人的思考、生存的方式发生变化，重新理解为何而生。开源型货币心态和惦记型货币心态有原则性的区别，表现在以下几个主要方面：

第一，看待世界。拥有开源型货币心态的人把自己看成是世界中的一员，认为每个人都在这个世界中起着重要作用，他人比自己起着更重要的作用。世界是伟大的，自己是渺小的。拥有惦记型货币心态的人把自己看得比世界更重要，一切都要围绕着自己转。

第二，看待他人。拥有开源型货币心态的人认为其他人都比自己重要，都是有价值的人，都是值得学习和交流的人，都是自己最好的合作伙伴；自己是一个普通的人，是集体、社会中的一员。拥有惦记型货币心态的人把自己看成是最重要的，别人是次要的。

第三，看待需求。拥有开源型货币心态的人通常善待别人，十分重视别人的需求和情感，努力帮助他人实现目标，十分珍惜别人对待自己的情感，把自己的需求放在次要的地位。拥有惦记型货币心态的人总是忽视别人的需求和情感，把货币看成是自己最重要的需求。

第四，看待付出。拥有开源型货币心态的人认为其他人会尽力所为，更容易与他人合作，重视他人的付出，更容易与他人相互帮助，不评判别人。拥有惦记型货币心态的人总认为其他人没有尽其所能，喜欢对别人品头论足，挑三拣四。

第五，看待失败。拥有开源型货币心态的人把失败看成是成功之母，反省自己的失败，从中吸取经验教训，自己主动承担失败的责任，自我检讨。拥有惦记型货币心态的人把自己的失败归咎于他人的过错，推卸责任。

第六，看待领导人。拥有开源型货币心态的人认为，企业、单位的领导人不要只是以自己的职务来领导他人，企业、单位的领导人如果不能领导他人实现企业、单位的奋斗目标，创造经济效益，创造业绩，如果不能以身作则，思想先进，走在工作、劳动、企业、单位所有人的前面，就不是真正的领导人。领导人最本质的东西，就是个人的能量和影响力。

有效的领导方式需要发挥个人的能量和影响力，让自己变成一个随时让人愿意跟随的人。企业、单位的群众愿意跟随这样的领导人，这样的领导人能让人愿意劳动、工作，能够营造一个积极向上的，相互合作的劳动、工作环境氛围，大家公认这样的人才是有能力、有影响力的好领导人。这样的领导人会领导所有的人创造更好的成就、最大的经济效益、显著的工作业绩。

拥有惦记型货币心态的人只看职位，看谁比谁职务高，谁比谁级别高，谁比谁有更大的权力。

以上八类基本货币心态中，有四种是积极的货币心态，另外四种是消极的货币心态。人们应该逐步减少和消除消极的货币心态，提升积极的货币心态。要掌握好货币心态这个人生航行的船舵，在市场经济的风浪中，甚至是货币与商品的大风大浪中，朝着正确的、远大的目标乘风破浪前进。

复习思考题

1. 简述货币心态的重要性。
2. 简述货币心态的特征。
3. 简述货币心态和货币心理、货币行为的关系。
4. 有哪四种积极的货币心态？具体内容包括哪些？
5. 有哪四种消极的货币心态？具体内容包括哪些？
6. 怎样提升货币心态，请举一两种货币心态的例子加以说明。

第十一章　货币性格

性格决定命运，性格就是人对人、对事的态度和行为方式表现出来的心理特点。货币是物，物是没有性格的，货币本身不存在性格，货币性格就是人的性格在货币上的反映。

一、货币性格的性质

货币性格体现在人对现实的态度和行为方式中。人对现实的态度与相应的行为方式的独特结合，就构成了一个人区别于他人的独特性格。货币体现了人的性格，主要表现在做什么和怎样做两个方面，做什么反映人对现实的态度，表明一个人追求什么，拒绝什么；怎样做反映人的行为方式，表明一个人如何追求货币。一般来说，人对现实稳定的态度决定了他的行为方式，而人的习惯的行为方式体现了他对现实的态度，这两个方面是统一的。

货币反映了人的性格是稳定的，同时又有一定的可塑性。货币性格是人在实践活动中与客观世界相互作用的过程中形成和发展起来的。客观事物的各种影响通过人的货币心理活动在个体的反映机构中保存下来，构成一定的货币态度体系，并以一定的形式表现在货币行为中，构成货币所特有的行为方式。货币反映人的性格不是一朝一夕形成的，但一旦形成就比较稳定，并且贯穿于人的全部行动中。货币不仅在类似的情景中反映人的性格，甚至在不同的情境中都会反映出来。所以，个体一时偶然的表现不能认为是他的性格特征，只有经常的、习惯性的表现才能认为是他的性格特征。货币性格是在主体与个体相互作用的过程中形成的，同时又在主体与个体相互作用的过程中发生缓慢的变化。

货币体现人的性格具有核心意义的是个性心理特征，这是一种与社会最密切联系的性格特征。人的性格包含许多社会道德素质，性格反映了人们对现实和周围世界的态度，并表现在人们的行为举止中，因而性格主要体现在对自己、对别人、对事物的态度和所采取的言行上。

二、货币性格的特征和结构特性

（一）货币性格的特征

货币性格是一个十分复杂的心理结构，它由各种不同的性格特征组成，货币性格特征就是指人的货币性格不同方面的特征，主要包括以下四个：

1. 货币性格的态度特征

对于客观现实的影响，人总是以一定的态度给予反映。客观现实的对象和现象是多种多样的，因而人对客观现实的态度也是多种多样的。性格的态度特征主要是指人处理各种社会关系方面的性格特征，主要包括以下三个方面：

第一，对社会、集体和他人的态度特征。是公而忘私还是假公济私；是忠心耿耿还是三心二意：是善于交际还是行动孤僻；是热爱集体还是自私自利；是礼貌待人，还是粗暴冷漠；是正直还是虚伪；是富有同情心还是冷酷无情。

第二，对工作和学习态度的特征。是勤劳还是懒惰，是认真还是马虎，是细致还是粗心，是积极创新还是墨守成规，是节俭还是浪费。

第三，对自己的态度特征。是谦虚还是骄傲，是自尊还是自卑，是严于律己还是自由放任。

2. 货币性格的意志特征

货币性格的意志特征是指人对自己行为的自觉调节方式和水平方面的性格特征，主要包括以下四个方面：

第一，对行为目的明确程度的特征：目的性还是盲目性，独立性还是暗示性，纪律性还是散漫性。

第二，对行为自觉控制水平的特征：主动性还是被动性，有自制力还是缺乏自制力。

第三，在长期工作中表现出来的特征：有恒心、坚韧性还是见异思迁、虎头蛇尾。

第四，在紧急或困难的情况下表现出来的特征：勇敢还是怯懦，沉着镇静还是惊慌失措，果断还是犹豫不决等。

3. 货币性格的情绪特征

货币性格的情绪特征是指人产生情绪活动时，在强度、稳定性、持久性和主导心境等方面表现出来的性格特征，主要包括以下四个方面：

第一，情绪强度特征。情绪强度特征表现为个人受情绪影响的程度和情绪受意志控制的程度。有的人情绪体验比较微弱，容易用意志控制；有的人则情绪体验比较强烈，难以用意志控制等。

第二，情绪稳定特征。情绪稳定特征表现为情绪起伏的程度。有的人无论在成功时还是失败时，情绪都比较平静，对情绪的控制比较容易；有的人则在成功时沾沾自喜，在失败时则垂头丧气，对情绪的控制比较困难。

第三，情绪持久性特征。情绪持久性特征表现为个人受情绪影响的时间持续程度。有的人遇到愉快的事，当时很高兴，事后很快恢复平静，有的人则愉快的情绪持续很久。

第四，主导心境特征。主导心境特征表现为不同的主导心境在一个人身上表现的程度。有的人心情经常保持愉快，有的人心情则经常忧伤；有的人主导心境支配的时间长，有的人则主导心境支配的时间短。

4. 货币性格的理智特征

货币性格的理智特征是指人在认知过程中的性格特征。人的认知水平的差异被称为能力特征，人的认知活动的特点和风格被称为性格的理智特征，主要包括以下四个方面：

第一，感知方面的性格特征。人在感觉和知觉方面的个体差异可以被区分为主动观察型、被动观察型，记录型、解释型，罗列型、概括型，快速型、精确型。

第二，记忆方面的性格特征。人在记忆方面的个体差异可以被区分为主动记忆型、被动记忆型，直观形象记忆型、逻辑思维记忆型，并且在识记上有快慢之分，在保持上有长短之分。

第三，想象方面的性格特征。人在想象方面个体差异可以被区分为主动想象型、被动想象型，幻想型、现实型，敢于想象型、想象受阻型，狭窄想象型、广阔想象型。

第四，思维方面的性格特征。人在思维方面的个体差异可以被区分为独立型、依赖型、分析型、综合型。

在以上四个方面的性格特征中，最主要的是性格的态度特征和性格的意志特征，其中又以性格的态度特征更为重要，因为它直接体现了一个人对事物所特有的、稳定的倾向，也是一个人的道德、伦理的反映。

（二）货币性格结构的特性

货币性格的各个方面的特征不是孤立静止地存在着，而是相互联系、相互制约的，在个体身上结合为独特的统一体，从而形成一个人不同于他人的性格，而且在各种不同的场合中，各种性格特征又有不同的结合。所有这些表现说明性格具有动力特征，具体表现在以下三个方面：

第一，各种性格特征存在着一定的内在联系，因此，性格是一个统一的整体，人们有时可以根据一个人的一些性格特征去推知他的其他方面的特征。一个人对待工作的态度特征表现为勤劳、认真，通常其在性格的理智特征方面表现出主动观察和详细分析的特征，在性格的情绪特征方面表现出平静和容易控制的特征，在性格的意志特征方面表现出目的性和自制性的特征。

第二，各种性格特征在不同场合有不同的结合。性格具有稳定性，但不意味着在一切场合都以同一模式一成不变地表现，人格特质除了有概括性和持久性外，还具有焦点性，即它与现实的某些特殊场合联系着，只有在特殊场合和人群中才会表现出来。

第三，性格的可塑性。性格是稳定的，但又不是一成不变的。它是在各种影响因素的相互作用中形成的，又是在各种因素的相互作用中发生变化的。性格的变化不仅受外在因素的影响，而且在很大程度上取决于个人的努力。

三、货币性格的类型

货币性格的类型包括以下几种：

货币性格的独立性。货币性格是人的性格在货币上的反映。货币性格的独立性是人与人之间差异的重要特征。人与人之间没有完全相同的性格，即使经历相同、环境相同、条件相同，人也没有相同的性格。

货币性格的确定性。这是指一个人对周围的事物所特有的、经常性的倾向，是对现实生活所持有的一种稳定性的态度，以及相伴而生的习惯性行为方式。

货币性格的整体性。要分析人的性格须从整体上去理解，不是看一个人哪一方面的表现，而是看一个人的整体性表现。人的性格是由许多个别的性格构成的，它不是指一个人在哪个方面的表现。

货币性格的复杂性。性格的复杂性来源于社会现实生活的复杂性，人只有深刻地分析自己和他人的各种欲念、心理动机、行为表现，并综合起来考察，才能认清自己的性格，也才能了解别人的性格。

货币性格的可变性。人的性格有一个不断进化发展的动态过程。它接受自我意识的调节和控制。一个人可以通过自我意识的巩固加强和完善性格的优点，也能逐步清除性格中的不良因素。

认识和把握上述人的性格的内涵，有助于认识自己的性格，把握自己的性格，这样就可以把握自己的行为，调节自己的行为，最终掌握自己的命运。

性格是一个人对人、对事的态度和行为方式上表现出来的心理特点，具有健康良好的性格类型的人有以下特点：

第一，面对现实。一个心理健康良好的人，不管现实对他来说是否良好，是否顺利，是否满足，他都会坦然地面对现实。

第二，独立、稳重性。一个心理健康良好的人，通常比较理智、稳重、深思熟虑，并且能够接受别人的合理建议。在需要时，他能够作出决定，并且乐于承担自己的决定带来的一切后果。

第三，享受互爱。爱别人，也能够接受别人的爱。一个心理健康良好的人，通常具有爱别人的能力，也乐于接受别人的爱，能够与他人互相帮助，共同进步。

第四，发怒时能控制。一个心理健康良好的人在发怒时，自己能够控制调节情绪。任何人都不可避免地会受到挫折，并产生愤怒的情绪，这很正常，但是，关键是要把握尺度，不失去理智。

第五，有长远打算。一个心理健康良好的人，通常具有长期的奋斗目标，并努力去实现长期的奋斗目标，为了这个目标可以放弃眼前的利益，即使眼前的利益很有吸引力。

第六，愿意帮助他人。一个心理健康良好的人，通常善于学习别人的优点和长处，对他人宽容和谅解，严于律己。

人的优秀的性格主要分为以下八种：

第一，自信的性格。一件事能否办成，一个人能否有成就，自信心起着重要作用。自信心与成功是密切联系的，缺少了自信心，人就会缺少前进的动力，自信心是人取得成功的引擎，自信是成功的基础。自信能激励人们去追求成功，自信是一种内在的精神力量，它能鼓舞人们去克服困难，不断前进。

第二，博大的性格。成功的人、成就大事的人，通常都有宽广的胸怀、博大的襟怀。正因为有性格上的博大，从而才能包容一切，才能赢得成功。

一个人有博大的胸怀，他就能包容一切，就能用宽宏的尺度对待别人。气量宽宏的人，不计较别人的态度，待人随和，善于学习别人的优点，取长补短，不断提高自己，这样才能办好一切事，才能取得更大的成就。只有性格博大宽容的人，才能取得更大的成功。

第三，顽强的性格。人的一生是不可能一帆风顺的，在人生的道路上，人总会遇到各种困难和挫折。许多人在面对困难和挫折时，丧失了前进的勇气，而有的人则凭着自己顽强不屈的性格，勇敢地迎接挑战，并最终取得胜利。

成功者并不一定都具有超强的智力，成功者往往历经坎坷，他们都具有顽强拼搏的性格，在逆境中崛起，勇往直前。

第四，勇敢的性格。勇敢是人在险境中为实现自己的奋斗目标而表现出来的大无畏精神。勇敢的人坚信自己事业的正确性，清醒地意识到自己行为的后果及其价值，愿意为实现自己的奋斗目标作出牺牲。

当然，勇敢不是蛮干，而是理智地、有目的地、有计划地、有步骤地逐步实现自己的奋斗目标。勇敢往往是提高了认识以后的无所畏惧，真正的勇敢者一定会取得成功。

第五，诚信的性格。诚信是一个人的根本，诚信的人就是讲信义的人。诚信是做人的基本准则，凡是能做成大事的人，都是以诚信为本，做人做事都讲诚信。

言必信，行必果。这是我国传统的优秀历史文化。诚信的性格体现了一个人的道德伦理修养，凡是做成大事的人都具有诚信的性格。

第六，谦虚的性格。谦虚是人的一种美德，也是人的一种高尚的性格。人取得更大的成绩时，就更应该谦虚。谦虚能使人取得更大的成就、更大的进步。

无论人取得的成就有多么大、多么显著，无论职务有多高，人都要谦虚谨慎，不骄不躁，心胸广阔，博采众长，人要不断地提高自己，不断地前进。

第七，克服困难的性格。人在一生中遭遇挫折和失败是难免的，关键是在碰上挫折和失败时采取什么态度。具有克服困难的性格的人把克服困难看成是对自己的一种锻炼，善于总结挫折与失败的经验教训，并在此基础上，勇往直前，去争取更大的胜利。不具有克服困难的性格的人则悲观绝望，自暴自弃，产生消极的情绪，停滞不前，这种人是真正的失败者。

第八，精细的性格。具有精细的性格的人对人对事细致入微，精于计算，细于筹划。这样的人遇事冷静、机智、仔细，注意每一个细节，善于从细节中发现机遇。这样的人对任何事都力争做到精细、完美。

四、优化自己的货币性格

每个人都想把自己的人生过得更精彩，这里重要的、关键性的问题就是优化自己的性格。性格是人的态度和行为较为稳定的心理特征，是个性的重要组成部分。性格是决定人成功与否的关键因素，成也性格，败也性格，好性格能成就人的一生，而坏性格会毁掉人的一生。

优化性格，要从认识和了解自己的性格入手，把握自己性格的优势和劣势。要发扬自己性格中的优秀因素，性格中的不良因素要逐步消除，扬长避短，充分发挥自己性格的优势。

优化自己的性格主要从以下八个方面着手：

第一，树立正确的世界观、人生观、货币观。人的性格归根到底是由人的世界观、人生观、货币观决定的。有了远大的、坚定的、为社会多作贡献的长远奋斗目标，人就会表现出乐观的、积极向上的、情绪良好的性格；反之，一心一意追求个人名利、过度追求货币的人生观，会使人形成狭小的、忧郁的性格。

第二，正确分析自己的性格特征。人贵有自知之明，对自己的性格特征进行科学的分析与评价，才能使自己不断地进行性格的锻炼与完善，最终形成良好的性格。分析性格的过程也是性格不断完善和提高的过程。

第三，主动帮助别人。只有帮助别人，才能得到别人的帮助。帮助别人的过程也是优化自己性格的过程。

第四，重视在实践中锻炼性格。性格体现在行动中，性格也要通过实践和实际行动来塑造，实践是优化性格的最佳途径。通过实践，提高认识，优化自己的性格，这是优化性格的必由之路。

第五，自我锻炼，自我优化。要不断提高对优化性格的必要性和重要性的认识。在日常生活中，应不断地通过自己的心理和行为对自己的性格进行有意识的优化。优化性格是一个长期的、艰巨的任务，一定要持之以恒，不断努力，这样才能不断优化性格。

第六，积极参加集体和社交活动。多接触人，多和人交往，这有利于自己性格的外向发展。一个人闭门不出，封闭在自己的小天地里，是不可能优化自己性格的。人只有融入集体中、社会中，多和别人交往，才能发现自己性格的缺点和别人性格的优点，才能取长补短，才能优化自己的性格。

第七，培养健康的情绪，保持乐观的心境。人应该乐观地生活，对人热情开朗，始终保持愉快的情绪，这样才能不断地优化自己的性格。

第八，取人之长，补己之短。每个人的性格中都有好的因素，同时也有不好的因素。人要善于正确地评价自己，识别他人，对于别人性格中好的因素，要诚心诚意地学习，汲取营养，不断优化自己的性格。

五、货币性格更决定命运论

性格决定命运，似乎是大家公认的道理。为什么说货币性格更决定人的命运呢？人的一生中往往存在许多选择，会经过一个又一个岔路，每当面临岔路时，在货币与商品存在的条件下，人们往往考虑选择能获得更多货币的路径。人生就是做选择题，货币性格更直接决定着答案，影响人们对人生方向和道路的选择。这主要表现在以下六个方面：

第一，影响人的职业和事业的选择。人在上学时期就会考虑以后从事什么职业和事业，当然，自己的兴趣、爱好、意志、环境、家境起着很大的作用，但是，在市场经济条件下，人们往往也考虑从哪个专业毕业后能够多赚钱，不同的选择决定不同的命运，所以，货币性格更决定命运。

第二，影响恋爱婚姻的选择。参加工作以后，男女都会产生成家的需求。男女双方在婚姻的选择上都希望以后的生活更好，除了考虑对方的性格、爱好、感情等以外，在市场经济条件下，有没有钱，富不富裕，也是一个选择的重要标准，所以，货币性格更决定命运。

第三，影响人际关系。人不能孤立地存在，是不能脱离群体的，良好的人际关系对人的生活来说是很重要的。人际关系离不开社交，社交在市场经济条件下离不开货币。有货币自己很开心，别人也看得起，没有货币就寸步难行，所以，货币性格更决定命运。

第四，影响物质生活水平。性格决定命运，命运好是要以物质生活好为基础的。在市场经济条件下，有货币，生活水平就富裕，就有好心情、好情绪。

第五，影响精神生活。精神生活愉快才能使人真正感到快乐，精神财富是人生主要的财富。精神财富和物质财富在性质上是有区别的，精神财富往往决定人的命运，但是，精神财富是以物质财富为基础的，在市场经济条件下，货币性格更决定命运。

第六，性格决定命运。在市场经济条件下，人的性格往往是由人的世界观、人生观、货币观决定的，而货币观往往影响人的世界观、人生观，所以，货币性格更决定人的命运。

复习思考题

1. 简述货币性格的性质。
2. 简述货币性格的结构。
3. 简述货币性格结构的特性。
4. 简述货币性格的类型。
5. 简述货币性格的优化。
6. 你对货币性格更决定命运论有什么看法?

第十二章　货币心病

医学将心理障碍归为一种疾病，而心理学将其视为生物学、行为、认知、发展和社会文化因素相互作用的结果。在货币与商品存在的社会，人的心理障碍主要是拜金主义心理，有这样心理障碍的人虽然极少，但产生的危害性却极大。

一、货币拜物教的性质

在货币与商品存在的社会，由于货币在人们的日常经济生活中发挥重要作用，有极少数人在心理上的反映货币是特别重要、唯一重要、超过一切。这种人的心理上的反映，还要追索到商品拜物教在人的心理上的反映。

在货币与商品存在的社会，由于劳动产品转化为商品形式，商品生产者之间的关系不是明明白白地表现为人与人之间的社会关系，而是表现为人们之间物的关系。这种物掩盖着人们之间的社会关系，正是这种商品形式，即价值形式在人们心理上产生了神秘性，人们之间的关系被商品偶像化了，这种偶像化的虚幻形式，叫做拜物教，这就是商品拜物教的由来。

商品拜物教又发展到货币拜物教，货币拜物教通俗地可被称为拜金主义，人的心理也从商品拜物教发展到货币拜物教。拜金主义是商品拜物教发展的顶峰，这是因为：

第一，货币价值形式是货币形式发展的最后阶段。人与人之间的物化关系在货币形式中得到了最集中、最突出的表现。无论过去简单的、个别的价值形式，还是扩大的价值形式，商品的价值形式都表现在许多商品上，但在货币价值形式中，却都集中、突出地表现在货币上，使人与人之间的社会关系偶像化，并在货币上达到了顶峰，极少数拜金主义者的心理都集中拜倒在货币面前。

第二，商品的直接交换变成了间接交换，使货币变得更神秘。在货币价值形式以前，商品之间是直接交换，商品之间的等价交换原则在这里容易直接地、具体地被看出来。但是，在货币价值形式之后，每个商品所有者的商品都要先与货币交换，然后拿货币购买他所需要的商品，商品所有者卖出或买进的商品是否等价，在这里就显得模糊起来，商品所有者的心理都是盼望商品交换能够等价、公平、合理，但是，交换的结果可能使货币变得更少或者更多，这里存在着“猫腻”，所以，货币就变得更神秘。

第三，商品的价值用货币来衡量，产生了商品的价格。商品的价格根据商品的供求关系环绕着商品的价值上下波动，由此价值规律调节商品市场，高于商品价值的商品价格刺激扩大生产，低于商品价值的商品价格引起生产缩减，价值规律是商品经济的调节者。因此，货币价值形式出现后，人不是统治商品，而是市场指挥人。人与人之间的社会关系表现为物与人的关系，货币统治和指挥人，所以，货币显得更神秘，在人们的心理上拜金主义更盛行。

第四，货币扮演了新角色。大货币产生了小货币，货币变成了资本。货币是在新的社会生产关系中变成资本的，这种新的社会生产关系产生了新的货币形式。在简单商品生产和流通中，货币充当媒介，使两个不同使用价值的商品相交换。而资本的流通却不同，资本流通的目的是增值，大货币产生了小货币。商品市场上出现了劳动力，劳动力就变成了商品。在劳动力市场上存在交易的双方，一个是出卖劳动力这种商品的卖者，另一个是雇用劳动力的买者。劳动者通过劳动创造的价值远远超过资本家支付给劳动者的货币工资，劳动过程就是价值的增值过程，这就是资本家的利润来源。这揭开了剩余价值是利润的来源之谜，即货币成为资本，大货币产生小货币之谜，使极少数人拜金主义的心理更加盛行。

第五，一切都是金钱关系。拜金主义就是金钱对人的统治，在资本主义生产方式下，一切人与人之间的关系，都表现为物的关系，都表现为金钱关系，在这里除了赤裸裸的金钱关系外，再也找不到别的关系，甚至包括家庭关系在内。马克思指出："资产阶级撕下了罩在家庭关系上温情脉脉的面纱，把这种关系变成了纯粹的金钱关系。"①甚至不能买卖的东西，如人的名誉、良心、权力、姿色等，都可以作为商品来买卖，所以，拜金主义是商品拜物教发展的顶峰。

根据以上分析，人与人之间的社会关系表现为人们之间的物的关系，商品支配人，而不是人支配商品，商品统治人，而不是人统治商品，人与物的关系颠倒了过来。商品拜物教发展到货币拜物教，不是人统治货币，而是货币统治人，不是人指挥货币，而是货币指挥人。人与货币的关系颠倒了过来。马克思曾举例："用木头做桌子，木头的形状就改变了。可是桌子还是木头，还是一个普通的可以感觉的物。但是桌子一旦作为商品出现，就变成了一个可感觉又超感觉的物了。它不仅用它的脚站在地上，而且在其他一切商品的关系上用头倒立着，从它的木脑袋里生出比自动跳舞还奇怪得多的狂想。"② 用头倒立着，它的木脑袋里生出比它自动跳舞还奇怪得多的狂想，这就是

---

① 马克思，恩格斯．马克思恩格斯全集：第4卷［M］．北京：人民出版社，1958：469.

② 马克思．资本论：第1卷［M］．北京：人民出版社，1975：87－88.

马克思拜物教学说的精髓，因为在这里揭露了拜金主义的要害，把商品与人、货币与人的关系颠倒了过来。一切拜金主义者对社会上的一切问题都倒着看，做各式各样的黄金梦，这对于我们今天分析现实生活中的拜金主义仍然具有重要的现实主义。

货币是一般等价物。货币可以购买任何商品，但是，购买者需要先付出辛勤的劳动，劳动转化为货币，然后才能购买自己所需要的商品。拜金主义者却倒着看，劳动换货币，只看见后面两个字“货币”，看不见前面“劳动”两个字。市场上商品种类很多，还有高级名牌商品，他们不想多付出劳动，只想空手捞货币，白日做黄金梦。

货币是财富的代表。拜金主义对“劳动致富”四个字倒着看，只看见后面两个字“致富”，看不见前面两个字“劳动”，所以，他们不肯付出辛勤劳动，整天琢磨致富，妄想各种歪门邪道，想不付出劳动就能致富，甚至还提出，只有暴富才能使人真正快乐。

付出与索取。任何人对社会、对集体，必须先要有付出，要付出自己辛勤的劳动，然后才能索取，并且付出应该大于索取，这样才能给社会或集体留下剩余，作为社会或集体的后备，用于各种公共支出。但是，拜金主义者却倒着看，只看见后面两个字“索取”，看不见前面两个字“付出”，总想索取多一点，付出少一点，索取再索取，多捞点货币。

不同所有者所有。十万元、百万元、千万元、亿元……这为不同所有者所有，国家或集体的资金是国家或集体所有，任何人都不能侵犯，同样地，个人所有的资金归个人所有，受国家法律的保护。但是，拜金主义者却倒着看，只看见后面“资金”两个字，看不见前面“国家”“集体”，一心想化公为私，侵吞国家、集体资金，做各式各样的黄金梦，这将使他们走上邪路。

不搞特权。国家领导干部不能搞特权，不能用权谋私，要把权力关进制度的笼子里，让人民监督权力，让权力在阳光下运行。但是，拜金主义者都倒着看，只看见后面两个字“特权”，看不见前面两个字“不搞”。所以，他们不能正确对待自己手中的权力，这个权力是人民赋予的，只能用在为人民谋福利上，但是，他们却倒着看，并且伙同自己的子女、家属谋取私利，捞取资本，捞取货币。

总之，拜金主义者对一切问题都头倒立着看，做各式各样的黄金梦，这终将使他们走上不归之路。我们党以零容忍的态度惩治腐败，坚决遏制腐败现象蔓延势头，“老虎”“苍蝇”一起打，拜金主义者把人与物、人与货币的关系颠倒了过来，倒着看一切问题，做各式各样的黄金梦，这就是他们的态度如此顽固、掉进了自己脑中形成的货币迷魂的陷阱中、走上了邪路的根本原因。

我们不能停留在过去的认识水平上，只认识到马克思对资本主义生产方式的分析是从商品这个细胞开始的，这是第一。但只认识到这一点是远远不够的，还有第二，马克思分析货币拜物教的产生也是从商品开始的，他对商品价值形式的发展做了详尽的分析，从简单的个别的价值形式一直分析到货币价值形式，并指出一切的神秘性就是来自价值形式，所以，对价值形式的分析也就是对货币拜物教产生的分析。第三，马克思货币拜物教学说是对商品这个资本主义经济细胞的分析，并作了一个整体的、高度的概括。这是对商品最后分析的总结。第四，一切拜金主义者对现实生活中的一切问题都头倒立着看，这是马克思主义货币拜物教学说的精髓。只有认识和理解这四个相互联系、完整的要点，才能进一步认识到马克思对商品、货币拜物教学说的深刻分析和精髓以及其对现实的指导意义。只要有商品、货币的存在，就存在产生拜金主义的可能性，拜金主义者人数虽然极少，危害却极大，这是我国社会主义市场经济条件下的主要危险。

二、货币本质新论

在市场经济条件下，货币对经济、社会、人的重要性进一步增强，这是由于货币的本质有了新的变化。商品经济经历了简单商品经济和发达商品经济两个阶段。从货币产生的历史来看，货币是商品经济中分离出来的，其是占有特殊地位的商品，即货币是商品经济中的一般等价物，货币的本质是一般等价物，这是古今中外的共识。但是，这是简单商品经济中货币已经具有的属性。随着社会生产力的发展，社会生产关系的改变，货币的这个属性不可能是一成不变的，在市场经济中，货币的本质发生了新的变化，这种新变化应该从质、量、变三个方面来研究。

质是货币的属性，量是货币的数量，变是货币属性的变化，这三者是密切联系、相互依存的。质是事物的内在规定性，随着事物的发展，事物的质往往表现为多样的属性或特性，货币的质也是这样，货币不只具有单一的属性，这是客观的，不以人们的意志为转移的，在发达的商品经济初期，货币开始具有二质，即两个属性。第一，货币是一般等价物，这个属性是最基本的，没有改变，这是一质；第二，货币是财富的代表，进入市场经济以后，这个属性更明显，这是二质。为什么货币增添了一质呢？这是因为在市场经济中，货币已经不仅仅是商品交换的媒介，与简单商品经济中的货币相比货币属性是不同的。

第一，社会财富明显增加。商品生产和流通规模有更大的发展，生产企业增加，商业扩大，服务业兴旺，交通运输发达，出现了金融业、借贷资本、国际贸易等，科学技术革命对社会生产力发展有巨大的推动作用，创造了更多的社会财富。这些社会财富都是通过货币来表现的，因此，货币变成了财富的代表。拥有货币，就是拥有财富，拥有较多的货币的人就变成了富人甚至富豪。货币具有了财富代表的属性，这一属性更明显、更突出。在简单的商品经济条件下，不存在这么多行业，不存在这么多社会财富。

第二，在资本主义制度下，人们拥有的财富极不平衡。通过资本的积累和集中，财富越来越集中到少数资本家手中，社会上少数人集中了绝对多数的财富，产业后备军日益扩大，无产阶级贫困的状况愈加严重，出现了相对贫困化。根据资本主义积累的一般规律，必然会产生两个对立面，财富在资产阶级一方积累，贫困在无产阶级一方积累，形成了严重的贫富两极分化，而货币作为财富的代表是唯一的重要标志。这反映了资本主义社会阶级矛盾的进一步激化，这是抢劫等刑事犯罪不断发生的一个重要原因，罢工浪潮也因此此起彼伏。

第三，在我国社会主义制度下，全体人民走共同富裕的道路。我国脱贫攻坚取得全面胜利，全面建成了小康社会；持续增进民生福祉，扎实推动共同富裕；改善收入和财富分配格局，完善个人收入和财富信息系统。货币作为财富代表的属性更重要、更深刻。

根据以上分析，在市场经济条件下，货币的性质是一般等价物，这仍然是货币最基本的属性，但是，这已经不能概括货币属性的全部，货币增添了另一个属性，即货币是财富的代表，前者已经不能概括后者，因为货币作为一般等价物和财富的代表，已经是两个事物，在性质上是不同的。

其一，货币作为一般等价物，是价值的代表；货币作为财富的代表，是富裕程度的代表，两者的性质是不同的。其二，货币作为一般等价物，是商品交换的中介，是转瞬即逝的，所以，流通中的货币是纸币，它本身是没有价值的；财富是拥有的财产，拥有的金钱、物资、房屋、土地、有价证券等，都是高价值的商品。其三，财富是积累的劳动，是多年来辛勤劳动的成果，而货币只占其中一部分。其四，货币是财富的代表，富裕是和贫困相对的，贫富差距就是占有财产的差距，要了解共同富裕的情况，就要同时了解货币收入和财富的情况，两者是缺一不可的。其五，货币是一般等价物和财富的代表，这两者也是全面衡量小康社会的主要标准之一。20世纪五六十年代财产的代表是手表、电视机、缝纫机、自行车四大件，在我国当前生活中，农村居民有土地、房屋、生产工具，有的更富裕；城镇居民有房产、有汽车，有的在逐步实现有房、有车的目标，这已经很普遍，有的还拥有其他财富。货币作为财富的代表在各个时期是不同的。所以，货币作为财富的代表已经比货币作为交换的媒介更重要、更明显、更现实。

量是货币的核心。对市场经济中的一切经济活动来说，货币数量都是核心。量和质一样，也是事物固有的一种规定性，量的规定性也是客观的。区分事物的质和认识事物的量，两者是辩证的统一，质是认识事物的开始，是考察量的前提，量是认识事物的继续，是对事物认识的深化。

在市场经济条件下，货币本质的新变化使货币对经济、社会、人发挥更大的作用，使人们更加重视货币，更加关心货币，更加惦记货币。对心理健康的人来说，应促进他们在心理上更愿意通过自己的辛勤劳动换来更多的货币，创造更多的财富，为国家、集体作更多的贡献，使自己和家人过上更美好的生活。

对拜金主义者来说，货币本质的新变化对他们产生了更大的诱惑力，这是拜金主义这个货币心病根源的驱动力。

三、货币诱惑力

对开始有货币心病的人来说，货币对他们产生了诱惑力，使他们逐步变成了拜金主义者，这种诱惑力主要表现在以下三个方面：

第一，物质诱惑。市场上商品琳琅满目，到处是商品广告，这使他们眼花缭乱。富人居住各式各样的高级别墅，进出乘坐各式各样的小轿车。普通人住一般的居民小区，与富人的生活水平相差越大，货币对他们心理上的诱惑力越大。

第二，精神诱惑。有钱的人很体面，也很有面子，亲戚朋友对有钱人特别热情。有的富人追求享乐至上，追求高消费，大吃大喝，享受人间快乐。而一般收入者，只能过普普通通的生活。

第三，色情诱惑。有些富人奢侈享乐，花天酒地，灯红酒绿，生活腐化，道德败坏。

上述物质诱惑、精神诱惑、色情诱惑归根结底都是货币诱惑，没有货币，上面的一切享受都无法获得。

对货币心理不健康的人来说，货币心病是逐步形成并不断发展变化的，客观条件和主观条件的变化，有时慢些，有时快些，也可能出现反复，出现逆变化。货币心病的形成一般可以分为以下四个阶段：

货币心病的萌芽阶段。货币心理不健康的人在日常生活中偶尔会受到货币诱惑力的影响，但是，偶然事件过去以后，这些人的货币心理又会恢复到正常状态。但是，有极少数人对货币诱惑力记忆犹新，在心理上撒下了病毒，不能去根，不能忘记，印象深刻，这时进入了货币诱惑力的萌芽阶段，也就是货币心病的初期。

货币心病的缠绵阶段。货币心理不健康的人多次受到货币诱惑力的袭击后，不能抵制货币诱惑力，货币诱惑力经常在心理上出现，在他们的眼前晃悠，使他们产生心理上不能自拔的状态，心理上出现彷徨的情绪，心理不安宁，东张西望，心理堵得慌，也就是货币心病时好时坏，病情不稳定。

货币心病逐步加重阶段。极少数有货币心病的人存在着贪婪心理，错误地估计客观形势，认为小贪别人看不见，不容易被发现，“不捞白不捞”，“过了这个村，没有这个店”，货币心病逐步严重，做各式各样的黄金梦。

货币心病产生拜金主义阶段。货币诱惑力逐步升级，有货币心病的人贪婪心理日益严重，并且产生了侥幸心理，这是导致拜金主义者违法犯罪的危险心理，他们沉醉于做黄金梦，人在单位，魂在货币诱惑力中，货币诱惑力渗透了他们的灵魂，在心理上他们已经是完全的拜金主义者，货币心病转化为货币癌症。

上面讲的是人的心理上的货币诱惑力。人的心理上的货币诱惑力可能会转化为拜金行为，前者为后者铺了底，行为上的货币诱惑力在患有货币心病的极少数官员的心理上、行为上下功夫，是人调控的，精心策划的货币诱惑力。一般是采取迂回的方式包围极少数患有货币心病的官员，采取的方式和方法很多，主要包括关系、围猎、决口。

关系。行贿者利用中国人重视关系的心理，从拉关系开始，想方设法地四处拉关系，细心地培养关系，精心地经营关系，拉近和官员心理上的距离，和官员的关系搞得很近，使官员失去了防线，放松了警惕，行贿者便趁机而入。

围猎。了解官员的性格和爱好，“不怕领导讲原则，就怕领导没爱好”，行贿者从官员的喜好中找门路，向领导赠送礼品，提供养生会诊服务，陪伴打球玩牌等，投其所好，以此作为诱饵，合围而猎。

决口。行贿者往往在官员生活作风方面打开决口，行贿者陪同官员进出私人会馆，过灯红酒绿的生活，使官员腐败堕落，最终与行贿者同流合污。

行贿是人为的、现实的货币诱惑力，这种货币诱惑力的特点包括：第一，力度更大的货币诱惑力。行贿是现实的货币诱惑力，是活生生的货币诱惑力，是把货币放在贪官的手心上，拨动他们的心弦，货币诱惑力的魅力更大。第二，是施展各种伎俩的货币诱惑力。行贿者通过设陷阱、诱使上钩、施展诡计等各种手法使官员进入圈套。第三，是外诱、内应的货币诱惑力。货币诱惑力已经渗透了极少数官员的灵魂，再加上行贿是外部的诱惑力，诱惑和赃款俱在，产生了共鸣。第四，命中率很高的诱惑力。行贿者事前经过充分调查研究，摸清了官员的底细，掌握了官员的各种情况，有的放矢，是更能穿透官员心理的货币诱惑力。第五，是重金的货币诱惑力。对“苍蝇”来说，少量的货币就能将其迷倒；对“老虎”来说，重金的行贿能将其迷倒，这使个别患有货币心病的高级领导干部忘记了自己的使命，忘记了党和国家的培养，忘记了人民的重托，一步一步地被货币迷倒。行贿者通过行贿会造成国家、集体财产的巨大损失，行贿者将因此获得暴利，患有货币心病的领导干部将沦落为人民的罪人。

四、拜金主义是我国社会主义市场经济条件下的主要危险

在我国社会主义市场经济条件下，拜金主义人数虽然极少，但危害却极大。这种货币心病是我国社会主义市场经济条件下的主要危险，主要原因包括以下几个方面：

第一，破坏社会主义的经济基础。以公有制为主体、多种所有制经济共同发展是我国现阶段的一项基本经济制度。如果领导、掌握和管理公有制的人员存在拜金主义，虽然他们人数极少，但由于他们是掌权人，危害却极大，必然会把一个企业、单位，甚至地区搞得乌烟瘴气。同样地，其他所有制的领导人和管理人员也是一样，这都是从内部瓦解社会主义的经济基础。

第二，影响国民经济高质量发展，影响实现中国式现代化。拜金主义者深藏在各个经济领域，他们是经济发展和运行中的蛀虫：影响

企业、单位实现预定的目标、任务，挪用国家、集体的资金谋取个人私利，忽视企业的经济效益，忽视单位的工作业绩，忽视产品质量。

第三，破坏社会主义市场秩序。社会主义市场秩序是国家通过法律、法规和制度，对市场的资源配置和经济运行过程进行调节而形成的正常、协调和有序的状态，它能保证市场经济的正常运转，保证市场机制充分发挥作用。但是，极少数拜金主义者为了谋取私利，破坏和阻碍社会主义市场经济的运行和发展，严重影响和干扰市场经济中公平、公正、公开原则的贯彻、执行，严重影响市场经济的正常、有序运行。

第四，非法谋取货币。极少数拜金主义者侵害国家、集体、他人的利益，达到个人追求货币的目的，而且不择手段，他们追求货币的心理往往是无止境的，甚至以身试法，置国家的法律、财经纪律于不顾，给国家、集体造成严重损失。

第五，腐蚀党和国家的机体。拜金主义思想腐蚀人的灵魂，使极少数意志薄弱的国家公务人员心理变质。他们不能树立正确的世界观、人生观、货币观。拜金主义思想动摇了他们正确的奋斗目标，使他们做了金钱的俘虏。他们终将违反党纪国法，成为人民的罪人。所以，要坚决预防和反对拜金主义，这是关系到党和国家前途与命运的根本问题。

从以上分析可以看出，反腐败斗争永远在路上。对腐败必须采取零容忍的态度，坚持“苍蝇”“老虎”一起打。

复习思考题

1. 什么是货币心病？
2. 简述拜金主义的性质。

3. 谈谈你对货币本质新论的看法。
4. 货币心病的发展分为哪几个阶段？
5. 简述货币诱惑力产生的原因。
6. 为什么说在社会主义市场经济条件下拜金主义是主要的危险？

第十三章　心理货币

心理货币是人所特有的心理现象，是人的心理活动及过程。自从货币产生以后，人就在心理上逐步产生和形成了心理货币，心理货币这一概念之所以被提出来，是因为它有重要的历史意义和现实意义。

一、心理货币和货币的关系

货币是物质的，物质是从各种具体事物抽象概括出来的普遍属性，物质的这一共性寓于各种具体实物的个性之中，没有脱离各种具体实物存在的物质。货币是一般等价物、财富的代表，这就是货币的属性，每个人手中的货币和流通界的货币，都是看得见的货币。

货币是一般等价物，有货币就可以在市场上购买商品或享受劳务。货币是财富的代表，货币多就代表是有钱人，就是富人，甚至是富豪。不仅一个人的生活水平高低是由手中的货币多少决定的，而且个人的社会地位、名誉、权力等也是由手中掌握的货币多少决定的。

货币是人们经济生活的轴心，一切经济生活都离不开货币。一个人经济上宽不宽松、富不富裕，就是看其手中货币有多少，包括手中的现金、存款、债券、股票等，这都是人们看得见、摸得着的货币。人们经常看的，是看得见的货币，这说明了手中货币有多么强的现实性。

个人对手中的货币具有个人所有权。个人手中的货币只要是合法收入，都受到国家法律的保护，任何人不能侵犯。个人手中的货币是个人劳动、工作或经营的成果，完全由个人支配和使用，任何人无权干涉。

上述货币是物质这一最本质的特性，指出了货币对心理货币的独立性、根源性，心理货币对货币的依赖性、派生性，指出了货币是第一性的，心理货币是第二性的，指明了货币与心理货币的关系、各自的地位和作用。

心理货币是人心理上特有的反映，这个特有的反映表现在以下几个方面：

第一，心理货币的过程。人的心理货币是在时间上展开的，通过货币的认知过程、货币的动机过程、货币的行为过程等反映出来。人们看货币，先是用眼睛接受货币的刺激，然后经过神经系统加工，把货币刺激转化为神经冲动，从而觉察到心理货币的存在。接着将心理货币从它所在的环境或背景中区分出来，最后确认这是心理货币，是货币在人们心理上的反映。

第二，心理货币结构。心理货币的现象是很复杂的，各种现象之间存在一定的联系。心理货币结构是构成心理货币的基石，包括货币感知、思维、情感、意志等，它们共同构成了人的心理货币。

研究心理货币结构，就是研究心理货币产生的各种现象之间的联系和关系，这有利于增强对心理货币的整体认识和对各个组成结构的认识，有利于掌握心理货币各个结构的作用，是研究心理货币的一项重要任务。

第三，心理货币的人脑机制。人的神经系统的机能，特别是脑的机能，以及一个健康发育的神经系统，是心理货币产生、发展的物质基础。当神经系统尤其是脑组织的某些部位受到损伤时，心理货币就会出现异常，在这方面与物质的货币是不同的。

第四，心理货币的产生与发展。人的心理现象是进化过程的产物，脑的发育为心理货币的产生和发展提供了物质基础。在人的一生不同的年龄阶段中，心理货币有着不同的特点。所以，研究心理货币的产生、发展，也是研究心理货币的重要任务，在这方面与物质的货币是不同的。

第五，心理货币与环境的关系。心理货币与人所处的环境有着密切的联系，这包括自然环境和社会环境，人所处的环境发生了变化，也会使心理货币受到影响。所以，研究心理货币与环境的关系，也是研究心理货币的一项重要任务，在这方面与物质的货币也是不同的。

以上对货币和心理货币关系的分析充分说明了这个世界不仅存在货币，还存在心理货币。心理货币的存在是和货币的存在同步的，千百年来却被人们所忽视。过去只是研究货币存在的主要方面，研究了物质的货币，而没有研究心理货币，这是片面的。只有既研究物质货币，又研究心理货币，才能全面地研究人的货币行为、货币活动、货币心理。所以，心理货币的研究领域很宽泛，研究前景很明朗，具有重大的现实意义和理论意义。

二、心理货币的性质

人脑是世界上最复杂的一种物质，是自然界长期进化的产物。人脑包括大脑、小脑、间脑和脑干等部分。大脑的神经系统由神经细胞，即神经元组成，它是神经系统结构和功能的基本单位，它的基本作用是接收和传递信息。神经元是具有细长突起的细胞，它由胞体、树突和轴突三个部分组成。人脑神经元的数量在 100 亿个以上。神经元通过自己的树突和脑体接受外来冲动，并经过轴突传导这种冲动。

文化是人类的产物，也是人脑的产物，大脑在文化的影响下得到发展，在人脑的进化中，语言起了重要作用，脑与语言是交互进化的。

心理货币是一种觉知，即人们觉察到某些现象或事物。心理货币是一种高级的心理功能，心理货币对人的身心起统合、管理和调控的作用。心理货币意味着清醒、警觉、察觉、注意、集中等。心理货币是一种与物质货币相对立的精神实体。

货币决定心理货币，心理货币是货币的反映，有货币的存在，就存在心理货币，理由有三：其一，人脑是心理货币产生和活动的物质基础，离开了人脑，就不存在心理货币。其二，心理货币是人脑的机能，现实货币无数次刺激人的大脑，形成复杂神经活动的生理过程，产生了心理货币。其三，心理货币的存在，是现实货币在人的大脑中的反映，这种心理货币是看不见的货币。

现实的货币，即人们手中的货币和流通界的货币，这是看得见的货币。货币对人的神经系统会产生刺激，世界上一切物质对人都具有反映这个特性，心理货币就是现实货币特性在人脑中的反映，但是，心理货币不是现实货币本身，心理货币具有精神现象的特征，是人们手中和流通界货币的主观反映，是人的主观世界所特有的。就其反映的形式而言，心理货币是主观的；就其反映的对象和内容来说，又是客观的。所以，心理货币体现了货币客观和主观的统一，表现在以下几个主要方面：

第一，从心理货币的主观形式和客观内容来分析，心理货币是由货币各种反映形式共同组成的完整体系，包括货币感觉、知觉、表现等感性认识和概念、判断、推理等理性认识。无论是感性形式还是理性形式，都是人的主观世界所特有的，但是，从感性认识和理性认识反映的内容和对象来说，却是客观的。

第二，从心理货币的主观差别和客观根源来分析，心理货币反映的是现实生活中的货币和货币的运行过程，但是，不同的人却有不同的反映，这表现为心理货币的主观性。人的心理货币差别很大，甚至有根本的差别，这正是体现了心理货币的主观性。

第三，从心理货币的主观特征和客观基础来分析，心理货币不仅表现对现实货币的近似摹写，而且可能表现与现实货币毫不相干的虚幻的、荒诞的观念形态，有的人白天做黄金梦，做千奇百怪的黄金梦，但是，即使是扭曲的、颠倒的货币主观映象，也毕竟是对现实货币的主观反映。

通过以上分析可知，在人的生理上、心理上以及人类历史中、现实生活中都有心理货币存在的证据，只是人们长期没有认识它的存在。

三、心理货币的作用

心理货币对经济、社会发展以及对人的作用主要表现在以下几个方面：

第一，心理货币作用的目的性和计划性。对于手中货币的增减变化而言，心理货币的作用具有一定的动机和目的性，相应地会生成蓝图、目标、活动方式和步骤等，不仅如此，心理货币还通过实践将蓝图、目标、活动方式和步骤等变为现实，通过实践把观念的东西变为现实。所以，心理货币是看不见的货币，指挥手中看得见的货币，决定手中看得见货币的增减。

第二，心理货币作用的主动创造性。心理货币对货币的反映，是一个能动的创造过程。心理货币不仅能够反映货币的外部现象，而且能够由感性认识上升到理性认识，反映货币的本质和规律，从而使人们正确地认识货币及其运行规律，以及知道如何正确地获得货币，如何正确地花费货币，发挥每个单位货币的最大效用，达到自己最大的满意程度。

第三，心理货币对客观世界的改造作用。心理货币的能动性不仅表现在使人们在实践中形成正确的思想，更重要的是表现在以这些正确思想和理论为指导，通过实践把观念的东西变为现实，用正确的思想指导货币、金融的实际工作，这对金融工作来说更为重要。

人的心理货币是一种精神的力量，要使它变为现实的物质力量，必须通过实践，借助货币的力量才能实现。

第一，心理货币的能动作用是通过实践来实现的。心理货币的能动作用的实现过程，也就是心理货币的物化过程。这个物化过程是双重的，把观念的东西转化为货币活动，通过实践，使主观的东西见之于客观，使客观世界发生合乎目的的改变。心理货币通过实践能动地认识世界，又通过实践能动地改造世界。实践使心理货币发挥能动作用，是实现主观反作用于客观的基本途径。

第二，心理货币的能动作用能否得到正确发挥，是以能否遵循货币运行的客观规律为前提的。如果有正确的思想作指导，能够反映事物的本质和规律，心理货币就会通过人的实践活动，将蓝图、目标、步骤和方法逐步变为现实。看不见的心理货币会把人们引向健康的、美好的、富裕的生活；如果不是这样，违背货币运行的客观规律，人们在实践中就会到处碰壁，走向邪路，甚至面临灾难。

第三，心理货币能动作用的发挥，还依据一定的物质条件和物质手段。认识世界是这样的，改造客观世界更是这样。也就是说，心理货币作用的发挥，还要依靠现实的货币、手中的货币。

以上讲的是心理货币的主要作用，人们在日常经济生活中往往重视手中看得见的货币，因为这是现实的货币，而不重视看不见的心理货币。其实，如果手中的货币发生了差错，最多也就是造成了经济上的损失，当然，这要尽量避免。但如果不重视看不见的心理货币，则一旦发生错误，人就可能走上邪路，甚至会带来灾难，将改变整个人生！

看不见的货币指挥着看得见的货币。人的一切货币行为都是由心理货币指挥的，正如前面所说的，看不见的心理货币通过实践将蓝图、目标、步骤和方法逐步变成现实，心理货币变成了手中看得见的货币。所以，人们货币行为的“司令部”是心理货币，它决定人的货币行为，看不见的货币指挥着看得见的货币。

看不见的货币决定看得见的货币。看不见的货币是人们看不见的，因此，人们往往容易忽略；看得见的货币是看得见的，因此，人们往往会重视。在日常生活中，人们往往会产生错觉，一提起货币，就只知道、只关心手中看得见的货币，而忽略了看不见的心理货币。其实，看不见的心理货币是因，看得见的手中的货币是果，两者是因果关系。因是看不见的，果是看得见的。只有在看不见的心理货币谋划、思考、推动下，才有手中看得见的货币这个果。人们必须牢牢记住这两者是因果关系。

看不见的货币比看得见的货币更重要。在日常经济生活中，人们对手中看得见的货币的重要性的认识是很深刻的，是不会忘记的，各家都有一个记账本，或手机上有记录，银行对账单上也有记录，人们算了又算，唯恐发生错误。可是，对于心理货币，因为是看不见的，则很少过问。殊不知手中的货币出现了差错，只是经济上的损失；心理货币出现了差错，则是大错，甚至会搞得家破人亡。所以，人们必须牢牢记住看不见的心理货币比看得见的手中的货币更重要。

看得见的货币和看不见的货币是物和魂的关系。手中看得见的货币是物，包括现金、银行存款、各种货币资产等，这些都是物。看不见的心理货币是魂。所以，人们一定要管好这个魂，不能出现任何差错，魂出现了差错，就是大错，就是人丢了魂，那就什么大错都有可能发生。

管好心理货币，需要长期的思想修养和锻炼，这是一个长期的、艰巨的、重要的任务。手中看得见的货币是活蹦乱跳的，反而容易管好，管好的效果也容易显现。但是，管好心理货币，短期内效果往往不显著，这是一个长期锻炼和提高的过程，人们要经常检查自己，厘清自己的货币心理，古人云："一日三省吾身"，管好心理货币需要长期努力，越是看不见，越要管紧、管牢、管好。要提高认识，提高修养，提高素质，提高道德水平，要树立正确的世界观、人生观、货币观。让管好心理货币在实践中看得见，不能有半点放松。

四、增强心理货币的"四性"

心理货币是货币在人们心理上的反映，人们不仅要管好心理货币，而且要不断加强，特别是要增强心理货币结构基石的劳动性、等价性、清白性、主人性。

（一）增强心理货币的劳动性

货币是一般等价物，只有通过劳动才能获得货币；货币是财富的代表，需要多年劳动的积累，只有劳动才能致富，劳动是硬道理，不想通过劳动获得货币就是搞歪门邪道，这是两种根本不同的道路。只有增强心理货币的劳动性，人们才能对社会、集体多作贡献，确保个人和家庭幸福和快乐。不想劳动又想获得货币，这是走歪门邪道。

（二）增强心理货币的等价性

等价交换是货币交换的根本原则，货币交换必须坚持等价，在平等互惠的基础上进行交换，这是硬道理。妄想通过不等价交换获取更多的货币，这是走歪门邪道。通过不等价交换而获得货币，必将损害他人、集体或社会的利益，最后弄巧成拙，不能给自己带来快乐，只能带来恐慌和烦恼。

（三）增强心理货币的清白性

在市场经济中，人们天天都和货币打交道，货币的收支一定要清清楚楚，特别是在工作中经手的公共货币收支，一定要清清白白，不能相差分毫，这是硬道理。想在他人、集体、社会的货币收支中找空隙、捞货币都是搞歪门邪道，只要伸了一次手，就可能伸第二次、第三次……最后将把自己引上犯罪的道路。

（四）增强心理货币的主人性

在中国特色社会主义制度下，人民是主人，人民是货币的主人，必须增强心理货币的主人性，人要驾驭货币，不能再被货币驾驭，要彻底清理历史上遗留下来的货币驾驭人的残迹，人要做货币的主人，享受货币带来的快乐和幸福。

只有增强心理货币的劳动性、等价性、清白性、主人性，才能使货币给人们带来获得感、快乐感、幸福感、安全感，才能使人在日常经济生活中快乐多多，幸福多多，才能出力多多，贡献多多，才能活出人生的真正价值。

五、个人货币心理与社会货币心理的关系

以上分析了心理货币的产生、性质、作用以及如何增强心理货币的“四性”等，这些是最根本的、最重要的，是心理货币的核心。但是，个人是不能独立生活和孤立存在的，而是生活在社会里，是和社会有密切联系的，个人离不开社会，这决定了个人货币心理与社会货币心理有着密切的关系。

社会货币心理是个人货币心理综合的产物，是综合反映在社会经

济生活基础上形成的货币活动在观念上的体系。个人货币心理与社会货币心理有着明显的差别，但又是密切联系的，二者是不可分割、相互作用的。任何人的货币心理都离不开社会货币心理。

个人货币心理和社会货币心理不仅相互依赖，而且相互作用。一方面，社会货币心理影响和作用于个人货币心理，每个人在自己的生活实践中总会受到周围人货币心理的影响，并且受到整个社会货币心理及其历史传统的影响；另一方面，个人货币心理又影响和作用于社会货币心理，向社会货币心理散发不同的货币氛围。

社会货币心理随着社会的存在和发展而发展，社会是不断发展的，社会货币心理也是不断发展的，社会存在不断发展和进步，社会货币心理也是不断发展进步的。纵观人类历史，人们的生活、智慧、经验、知识、教育和修养等不断为社会货币心理提供新的营养，使它的发展和提高持续不断，而劳动人民的实践则是一切营养的最终来源。人类的社会货币心理在漫长的历史过程中不断改进，不断增添新内容。劳动人民的社会货币心理是对人类历史上灿烂成果的继承和发展，劳动人民货币心理的主要内容包括辛勤劳动、劳动致富、等价交换、勤俭节约、创造财富、多劳多得、报效祖国、振兴中华。所以，我们要在日常的经济生活中汲取有益的社会货币心理，抵制不良的社会货币心理。

社会货币心理是一种复杂的精神现象，它不可能是单一的、清一色的。在阶级社会里，社会货币心理在不同阶段呈现出不同的特点，基于每个阶段特殊的经济地位和生活方式，形成了各个特殊的货币心理，形成一定的阶级感情、思想和作风等。一定阶级的货币心理反映这一阶级的精神面貌，反映它的历史特点和发展前途。所以，社会货币心理必然影响个人货币心理，每个人都应以劳动人民先进的货币心理为榜样，促进个人货币心理素质的提高，并促进整个社会货币心理的提高。

在一定的社会形态里，往往有三种不同的社会货币心理。首先，是反映这个社会占统治地位的经济制度和政治制度，并为其服务的社会货币心理。其次，是旧社会的社会货币心理，它反映已经被消灭和正在被消灭的旧经济制度和政治制度，为复辟旧社会制度制造舆论的社会货币心理。最后，是反映现存社会里孕育并成长的新的社会诸因素的社会货币心理。它为新社会的诞生呼唤，为建立新的经济制度和政治制度鸣锣开道。这三个对立的货币心理不可避免地要展开斗争，最后一种社会货币心理将占统治地位。正因如此，只有这种社会货币心理才能成为新社会的精神支柱和标志，它代表人类最美好的共产主义社会将逐步实现。

个人货币心理既是个人独特的社会经济与社会地位的反映，又是个人经济生活实践的反映。由于社会生活和社会关系的复杂性，世界上没有两个社会经历完全相同的个人，也就没有完全相同的个人货币心理。人的家庭出身、生存和生活条件、亲身经历、学历、工作经历等都不同，因此形成了不同的货币心理，也使人们对生活采取不同的态度，形成不同的追求，由此选择不同的人生道路。

根据以上分析，个人必须以劳动人民最美好的、充满希望前景的社会货币心理为榜样，加强学习，努力提高和增强个人货币心理素质，为集体、为社会多作贡献，这也将给自己和家庭带来快乐、幸福。

六、货币的双价值论

心理货币是货币的主观反映，就其反映的形式而言，是主观的，就其反映的内容而言，是客观的。因此，心理货币是客观和主观的统一。

有货币的存在，就存在货币的客观价值；有心理货币的存在，就存在心理货币的主观价值，所以，在日常经济生活中，人们往往感到有货币主观价值的存在，货币的主观价值也是客观存在的。这就决定了货币存在客观价值和主观价值，货币的客观价值和主观价值也是对立的统一，在一般情况下，货币的客观价值是主要的；但是，两者是可以转化的，在一定条件下，人们有时往往又感到货币的主观价值是主要的。迄今为止，没有人回答过这个问题，在这里用货币双价值论来分析这个问题。

货币的客观价值，是人类历史上的一个古老的问题，同时它也是货币的核心问题。在人类历史上，许多商品充当过货币，货币交换都是围绕着货币价值、围绕着是否等价展开的，最后纸币代替了有完全价值的货币，这是因为货币发挥流通手段职能的特点是转瞬即逝的，一切商品的价值是通过价值符号来衡量的。为什么没有价值的价值符号可以衡量商品的价值呢？这是因为价值符号是代表人类社会劳动来衡量商品的价值的，价值符号是一般等价物的外壳，人类社会劳动是价值符号的内核。在纸币流通条件下，马克思说：“国家固然可以把印有任意的铸币名称的任意数量的纸币投入流通，可是它的控制同这个机械动作一起结束。价值符号或纸币一经为流通所掌握，就受流通的内在规律的支配。”① 这是纸币流通的客观规律，也是纸币客观价值决定的规律，所以，纸币代表的价值是客观的，是不以人们的意志为转移的。当今世界各国流通的都是纸币，它的价值都是客观的，都是由纸币流通的客观规律决定的。

但是，人们在日常经济生活中往往会产生这样的感觉，例如，100 元货币对富豪来说，是微不足道的，但是，对普通老百姓来说，

① 马克思，恩格斯．马克思恩格斯全集：第 13 卷［M］．北京：人民出版社，1962：109.

100 元就是一天的生活费。不仅如此，这 100 元对每个人的价值感觉也是不同的，这是一个实际生活中的问题，但至今没有人来回答。这里提出的货币双价值论回答了这个现实问题。这是因为货币不仅存在客观价值，还存在主观价值。货币的主观价值是货币的客观价值在人脑中的反映，是由不同人的不同的心理货币决定的。所以，每个人的货币的主观价值是不同的，是存在差别的，甚至存在很大的差别。

不仅货币存在主观价值，而且这个主观价值是由货币主观价值递减规律决定的，这主要是由以下四个原因决定的：

第一，人的生存、生活、社交需要的货币总是有一定限度的，超出了这个限度，个人对货币的需要是递减的，这决定了货币的主观价值是递减的。

第二，货币越多，人拥有的物质财富越多，人对货币的需要的欲望递减。因为人的某种欲望被满足后，心理上的紧张状态得到了放松，心理上恢复了平衡，这种欲望就降低了。例如，有了高级轿车，因为不经常更换，这方面的欲望就变小了。

第三，人的精神生活所需要的货币达到一定限度后，也是递减的。例如，到各地旅游，如果再去人的兴趣就会降低，这方面的欲望也会变小。

第四，货币越多，人的疲劳也越多。这决定人的货币的主观价值是递减的。人从参加劳动或工作就开始挣钱，长期挣钱往往使人感到很疲劳，因为人的精力、体力毕竟是有限度的，货币数量越多，人挣钱的积极性就会慢慢减退，这引起货币主观价值递减。

根据以上分析，每个人的心理货币不同，往往还存在很大的差别，这决定货币的主观价值对每个人来说是不同的。货币的主观价值和货币的客观价值是不同的，在性质上有根本的差别。货币的客观价值是由货币代表人类社会劳动的多少决定的，在正常的情况下，是比较稳定的。货币的主观价值随着每个人的心理货币不同，是递减的。

1871—1874 年，奥地利经济学家门格尔、英国经济学家杰文斯、法国经济学家瓦尔拉斯先后提出货币边际效用递减的规律，即在一定时间内，在其他商品的消费数量保持不变的条件下，随着消费者对某种商品消费量的增加，消费者从该商品连续增加的每一消费单位中所得到效用递减，即边际效用是递减的，这成为西方经济学中的重要理论。

根据货币双价值论，针对该理论提出以下几点意见：

第一，这个学说是不全面的。这个理论只适用于比较富裕的群体，对不发达国家、贫困地区的人来说，难道货币的边际效应也是递减的吗？贫穷地区的人对货币有很大的需要，而且是迫切的需要，天天需要，不存在或很少存在货币边际效用递减的状况。

第二，货币边际效用递减不发生在货币上，而是发生在人们的主观价值上，发生在人们的心理上，发生在人们对货币主观价值的感觉和判断上。

第三，没有认识到货币既具有客观价值又具有主观价值，人的货币的主观价值是递减的，而不是货币的效用是递减的，该理论混淆了货币主观价值、客观价值的关系。

综上所述，货币双价值论具有重要的理论意义和实践意义，它在货币价值理论发展史上首次被提出来，并对西方的货币边际效用递减规律提出了质疑，希望读者多多指导。

七、心理货币论

根据以上对心理货币的分析，可以得出心理货币论的要点如下：

第一，心理货币的由来。自从货币产生，心理货币就存在，因为心理货币是货币在人心理上的反映。所以，心理货币的产生和货币的产生是同步的，是随着货币的产生和发展而产生和发展的，只是人们没有认识到和提出来。

第二，在货币与商品存在的社会，货币逐步成为人们日常经济生活中的核心，人们时时处处都离不开货币，时时处处都关心货币，时时处处都思考货币。不仅存在货币这个物，在实践中已经证明还有另一种货币的存在，它引起人们对货币的注意、观察、警觉、清醒，它就是心理货币。

第三，存在两种货币。一种是人们手中的货币、流通界的货币，是看得见的货币；另一种是心理货币，是人们心理上存在的货币，是看不见的货币。

第四，具有两种性质。人们手中的货币、流通的货币是物质上的货币；心理货币是人们心理上的货币，这两种货币在性质上是根本不同的，是有质的区别的。

第五，产生两种作用。流通界的货币、人们手中的货币是一般等价物，是财富的代表；心理货币是人的一种高级的心理功能，对个人的身心起着统合、管理和调控的作用。

第六，形成两种关系。流通界的货币、人们手中的货币体现着人们和经济生活的关系，心理货币体现人们的心理上的货币和手中货币的关系。

第七，手中的货币是看得见的货币，心理货币是看不见的货币，看不见的货币指挥看得见的货币，看不见的货币是看得见货币的“司令部”。

第八，人们往往容易注意手中看得见的货币，忽视看不见的货币，这是在市场经济中每个人都要重视的主要危险，要管好看不见的心理货币，预防人们走上邪路。

第九，要不断增强心理货币的“四性”：劳动性、等价性、清白性、主人性。

第十，要净化社会货币氛围，净化个人货币心态，净化货币心理，净化货币观念，为社会主义精神文明建设多作贡献。

复习思考题

1. 手中的货币有什么特点？

2. 你认为有心理货币吗？理由是什么？

3. 简述心理货币的性质和作用。

4. 简述心理货币与手中货币的关系。

5. 怎样提升心理货币的素质？

6. 个人货币心理与社会货币心理之间是什么关系？

7. 你对货币双价值论有什么看法？

8. 你对西方的货币效用递减规律与人的货币主观价值递减规律有什么看法？

9. 你对心理货币论有什么看法？

第十四章　研究活货币

货币没有长腿，自己不能走进流通界，是人把它投入流通界的。所以，过去只研究物，只研究货币这个经济范畴，不研究把货币投入流通界的人，不研究人的货币心理、货币行为，这是片面的，孤立的，脱离实际的，是研究死货币，现在要研究活货币，把货币研究活。

一、人把货币投入流通

人把货币投入流通界，货币反映和体现了人的活力，也使货币充满了人的活力，货币不是死的，不能研究死货币，要研究活货币，人对货币起决定性的作用，这表现在以下五个主要方面：

第一，人把货币送进了流通界。货币不能自己进入市场，是人把它投入流通界。马克思说："商品不能自己到市场去，不能自己去交换。因此，我们必须找寻他的监护人，商品所有者。"[①] 货币也是这样，货币进入和退出流通界，也是由人投放和回笼的。

第二，人调控货币流通。金融主管部门根据经济发展的目标、要求、方针、政策、措施，根据货币流通客观规律的要求，调控流通界的货币，使货币流通更好地为发展经济、改善和提高人民生活水平

① 马克思．资本论：第1卷［M］．北京：人民出版社，1963：102.

服务。

第三，人决定流通中的货币数量和规模。根据生产发展的规模、人民物质文化生活水平提高的程度、市场商品供应的规模、人掌握市场的货币数量，人使货币数量适应流通界的需要，保持币值的稳定。

第四，人掌握货币投放的方向和部门以及回笼货币的方向和部门，并采取各种政策措施，满足各个经济部门对货币的客观需要，更好地促进各个部门经济的协调发展。

第五，人掌握货币，人是货币的主人。要让货币为人民过上美好的生活服务，一切为了人民，发展依靠人民，发展成果由人民共享。

根据以上分析，人使货币充满了活力，它带着人的使命，带着人的期望，带着人的力量进入流通界。所以，货币流通从一开始，就是活的，要研究货币流通中的活情况、活变化、活潜力，研究活货币，不能研究死货币。

二、决定活货币的主要因素

货币对经济、社会、人发挥作用是受人指挥的，是带着人的目标、任务、要求发挥作用的，人决定着货币发挥的作用。所以，研究货币流通不能孤立地、片面地只研究货币流通的现象。不深入研究人的货币心理和货币行为，那是研究死货币，死货币在现实经济生活中是不存在的，一定要把货币研究活。

决定活货币的主要因素有以下八个：

第一，人的货币心理是活的。人的心理现象是自然界最复杂、最奇妙的一种现象，因为每个人出身、家庭、教育、经历等都不同，所以，形成货币的心理也不同。只有研究人的货币心理，才能真正掌握货币，把货币研究活。

第二，人的货币行为是活的。人的货币行为是由货币心理引起的，货币心理支配货币行为，人的货币心理是复杂的，因此人的货币行为也是复杂的。货币心理是一种主观的精神现象，是看不见、摸不着的，而货币行为却是显露在外的。货币通过人的货币行为对经济、社会以及对人发生作用，人的货币行为又往往受到外界的刺激经常发生变化，同是一个人，同是一样的货币，但不同的货币行为对集体、国家、自己往往产生不同的作用。只有研究人的货币行为，才能真正掌握货币，把货币研究活。

第三，人的货币动机是活力。货币动机是人的货币行为的内在动力，是引起、支配和维持人的货币行为的内部过程。货币动机对人的货币行为的激发和指引，也必然对货币产生激活的力量。人的货币动机必须有目标，目标指引人的货币行为，并且提供原动力。同样，人的货币动机也激活了货币。只有研究人的货币动机，才能真正掌握货币，把货币研究活。

第四，人的货币情绪是活的。人在日常经济生活中往往充满各种情绪，有时因为货币而高兴，有时因为货币而焦虑，为货币患得患失，为货币烦恼苦闷。只有研究人的货币情绪，才能真正掌握货币，把货币研究活。

第五，货币传情是活的。货币虽然是物，是死的，是不能传情的，但是，它是一种特殊的商品，是一般等价物、财富的代表，人人喜爱它，人人对它产生激情。所以，货币可以传情，货币传情使货币活了起来，蹦了起来。只有研究货币传情，才能真正掌握货币，把货币研究活。

第六，人的货币使命是活的。货币使命是指掌握货币的主人根据客观形势的发展，根据已定的目标和任务，支配、调节、控制货币行为，克服各种困难，从而实现货币行为的目标、任务。只有研究人的货币使命，才能真正掌握货币，把货币研究活。

第七，人的货币心态是活的。人的心态是一个人生活、劳动、工作以及看待货币、人生、世界的心理基础，这是看不见、摸不着的人生船舵。只有研究人的货币心态，才能真正掌握货币，把货币研究活。

第八，人的货币人品是活的。货币人品是在人们的心理和行为上具有比较稳定的核心意义的心理和行为特征，表现在人们对人、对物、对现实和环境的心理和行为上。只有研究人的货币人品，才能真正掌握货币，把货币研究活。

从以上分析可知，人的货币心理、货币行为、货币动机、货币情绪、货币传情、货币使命、货币心态、货币人品等融化在货币的投放中，融化在货币的回笼中，融化在货币的运行中。所以，在货币对经济、社会、人的作用中，人是货币流通的灵魂，是货币流通的策划者，是货币流通的指挥者，在货币对经济、社会、人的作用过程中，人起着决定性的作用，因此，必须通过研究决定活货币的八个主要因素来研究货币，研究活货币，而不是研究死货币。

在生产领域，货币在支持和促进企业合理组织生产、提高经济效益、提高产品质量、改善经营管理等方面发挥重要作用。这个重要作用发挥得够不够，充分不充分，有什么不足，一定要联系金融部门经办人、企业领导人和经手人的心理和行为来研究货币的作用，而不能孤立地只研究货币、贷款。

在分配领域，人们十分关注公平、公正、合理分配，以及按劳取酬，多劳多得，这些对提高全体职工生产和工作的积极性、创造性发挥重要作用。货币的作用发挥得够不够，有什么不足，同样也要联系分配过程中人的心理和行为来研究货币的作用。

在交换领域，商品与货币的交换受双方所有者的指挥，实行等价交换。如果违反等价交换的根本原则，就会损害双方或多方的根本利益，交换就不能成立，这里货币是活的，不是死的，从这里能看得更清楚。

在消费领域，货币受商业企业、服务行业人员的指挥，适应消费者消费心理和行为的变化和需求，促使全体职工为消费者提供优质服务，改善商品供应，提供物美价廉的商品。人的货币心理和货币行为的作用从这里看得更清楚，货币是活的，不是死的。

以上分析表明，同是货币，在不同的领域、不同的行业，货币带着企业领导人的使命和目标以及全体职工的努力和愿望，发挥不同的作用。所以，货币的作用不是千篇一律的，不是同一的，货币不是死的，而是活的，这是因为货币在对经济、社会、人的作用中，人起着决定性的作用。所以，必须把货币这个物和人的决定性作用结合起来研究，这样才能更好地发挥货币对经济、社会、人的作用，这就是把货币研究活，研究活货币，不是研究死货币。

三、研究活货币的重要意义

研究人的货币心理、货币行为对货币的作用，以及将人对货币的主观作用和货币作为经济范畴对经济、社会的客观作用融合起来研究，就是研究活货币。这使货币理论的研究更联系实际，更贴近人民群众的生活，使货币理论的研究更全面、更系统，使货币理论的研究充满活力，不断发展，不断创新。

第一，使货币理论的研究更联系实际，更贴近人民群众的生活。货币理论的研究进入研究人的货币心理、货币行为阶段后，货币理论的研究比历史上的研究深入得多。自古以来，人类在探索自然界奥秘的同时，也在不断探索人类自身的奥秘。人在改造客观世界同时，也在不断地改造主观世界。这些认识和经验是代代相传的，人类认识和改造世界的本领是高超无比的。所以，把这些认识和经验运用到研究人的货币心理和货币行为，这就使货币理论研究深入到“攻心战”，这比历史上的货币理论研究要深入得多。

不仅如此，研究人的货币心理和货币行为，深入到人们的生活中去，贴近了人们的日常生活，使货币理论的研究更加实际，更加生动。深入到广大群众中去，深入到人的货币心理、货币行为的实践中去，带着很强烈的实践色彩，这大大增强了货币理论研究的实践性。理论来自实践，在实践中才能使货币理论的研究不断汲取营养，不断创新。

在实际的金融工作中，特别是领导部门和决策部门，不仅要研究人们的货币心理、货币行为，而且要研究金融实际工作者的货币心理和货币行为。例如，国家多次强调要大力支持小微企业，小微企业贷款要特别注意有否被挪用、被截留的货币行为，在小微企业贷款的运用中存在哪些问题，发放的效果如何。同样地，对所有的贷款都要充分掌握，深入分析，认真评估，这是从微观上举例。从宏观上举例，由于美国金融行业错误的货币心理和货币行为造成次级贷款违约剧增，信用紧缩，并引发国际金融市场的震荡、恐慌和危机。本次次贷危机在美国是2006年春季开始逐步显现的，2007年8月席卷了美国、欧盟和日本。所以，错误的货币心理和货币行为会造成金融危机，影响国家安全。

第二，使货币理论的研究更全面、更系统。既研究了货币这个经济范畴及其运行规律，又研究了调控货币的规律，以及人的货币心理、货币行为及其运行规律；既研究了货币这个载体，又研究了调控货币的人这个主体，对货币理论的研究比历史上的研究全面得多，系统得多，不是研究死货币，而是把货币研究活了。

但是，值得注意的是，人对货币的决定性作用，是在遵守货币及其运行规律前提条件下的决定性作用，而不是任意妄为，也不是为所欲为；也是在遵循人的货币心理、货币行为及其运行规律条件下的决定性作用，而不是任意妄为，为所欲为。违反客观经济规律，违反人的货币心理、货币行为的规律，那是要受到客观规律的惩罚的，会把自己碰得头破血流，陷入主观唯心论的泥坑。

第三，使货币理论研究充满活力，不断发展和创新。传统的社会主义货币理论是研究死货币，所以，传统的社会主义货币理论在近百年来几乎停滞不前，表现在阐述货币对经济、社会的作用上，就是固定的那几条，甚至在内容、表述方式和文字上都没有太大的变化。所以，货币理论研究的格局必须要打破，货币理论研究必须要创新，必须要发展。

回顾和总结近百年来社会主义货币理论研究的经验和教训可以得出，必须研究活货币，把货币研究活。货币属经济范畴，货币是物，货币是死的，但是，人是活的，人的货币心理和货币行为是活的，要把两者结合在一起研究。货币运行的整个过程肩负着人的货币使命和目标，货币运行反映了人的货币心理和货币行为，两者结合在一起，就激活了货币，开创了社会主义货币理论研究的新道路。研究活货币，不研究死货币，就是开创了社会主义货币理论研究的新道路，主要理由有以下四个：

第一，研究活货币，把货币研究活。研究人的货币心理、货币行为，才能正确投放和回笼货币，保持通货的基本稳定。既要研究货币流通规律的客观性，又要研究人的货币心理、货币行为的主观性，只有把货币流通规律的客观性与人的货币心理、货币行为的主观性结合起来研究，才能使货币投放和货币回笼符合流通界的客观需要，保持流通中最适货币数量。过去只强调货币流通的客观规律性，而不研究人的货币心理、货币行为的主观性，结果往往是：不是遵循货币流通规律的客观性，而是丢掉了货币流通规律的客观性，服从了人的货币心理、货币行为的主观性。所以，过去这种对货币流通规律客观性的研究是片面的，是脱离实际的，只是停留在书本上的研究，是研究死货币。

第二，研究活货币，把货币研究活。研究人的货币心理、货币行为能够增强人对货币的洞察力。通过观察和研究货币运行，能够发现哪些是人的良好的货币行为，特别要注意少数人利用货币以权谋私、以钱欺人、以钱骗人的行为，增强对人的货币行为的洞察力，提倡良好的货币行为，打击不良的货币行为，保证货币的正常运行。

第三，研究活货币，把货币研究活。研究人的货币心理、货币行为，能够提高人对货币的调控力。深入实际，调查研究，掌握货币的实际运行，有的放矢地进行货币调控，把人的因素和货币的因素都考虑进去，结合起来研究，能够增加了人对货币的调控力。

第四，研究活货币，把货币研究活。研究人的货币心理、货币行为，有助于深入了解社会主义制度下人与人之间的互助、合作、友好的关系。货币传递了人与人之间的深情，带去了人间的温暖，带去了人间的真情，增加了亲和力。

四、社会主义货币理论研究的新阶段

以上分析表明，通过对人的货币心理、货币行为的研究，把货币研究活，研究活货币，才能使货币理论不断发展和创新。

新阶段。通过研究人的货币心理、货币行为，研究活货币，把货币研究活，不再研究死货币。这开创了社会主义货币理论研究的新阶段。

新理念。通过对人的货币心理、货币行为如何影响流通中货币运行的研究，人们认识到不仅要研究货币流通规律的客观性，而且要研究人的货币心理、货币行为的主观性，并使人的货币心理、货币行为的主观性与货币流通规律的客观性保持相互适应，这样才能更好地调控货币流通，使货币更好地促进经济、社会的发展。这开创了社会主义货币理论研究的新理念。

新经验。通过对人的货币心理、货币行为的研究，深挖了货币的活力，增强了人们对货币的洞察力，提升了人们对货币的调控力，增大了货币的亲和力。这积累了社会主义货币理论研究的新经验。

新境界。通过对人的货币心理、货币行为的研究，发现货币能够传情，传递社会主义制度下人与人之间的互助合作之情，传递友情，传递人间真情。这开创了社会主义货币理论研究的新境界。

新作用。通过对人的货币心理、货币行为的研究，可以发现在社会主义制度下，货币能够在更高层次上，在人们共同富裕、建成小康社会、精神文明建设、绿色生态环境建设、实现中国式现代化方面发挥更新、更好的作用。

复习思考题

1. 为什么提出是人把货币投入流通界的？
2. 为什么要研究活货币，不研究死货币？
3. 决定研究活货币的主要因素是什么？
4. 简述研究活货币的重要作用。
5. 过去的研究是不是研究死货币，有什么主要表现？
6. 你对社会主义货币理论研究的新阶段是如何理解的？

第十五章　心理学与货币学的双向研究

心理学是研究人的心理现象、行为规律的科学。人的心理活动与适应环境的行为之间相互作用，心理学通过探讨人的心理活动对行为作出科学的解释，通过对行为的观察来调节与控制人的心理活动。

从货币学的角度研究心理学，主要研究货币学给心理学注入的新结构、新因素、新心理，这使心理学增添了新范围、新领域、新结构、新的心理过程、新境界。

从心理学的角度研究货币学，主要研究心理学给货币学注入的生命力、新活力、心理力，这使货币学产生了新阶段、新理念、新经验、新境界、新作用。

一、从心理学的角度研究货币学

（一）人的货币心理活动

人的货币心理活动是很复杂的，可以划分为心理过程、个性和心理状态。

1. 心理过程

人的心理是一个变化的动态过程，可以分为认知过程、情绪情感过程和意志过程。

（1）认知过程

人的货币认知是一个非常复杂的心理活动过程，由对货币的感觉、知觉、注意、表象、记忆、想象、思维、语言八个要素构成。只有分析货币认知的构成要素，才能全面掌握货币认知的心理过程。

货币认知既是客观的，又是主观的。货币认知是客观的，是人脑对货币这个经济范畴的形象和性质的客观反映；货币认知又是主观的，每个人对货币的认识不同、看法不同。人的主观客观条件不同，因此产生了不同的复杂的货币心理和货币行为。

（2）情绪情感过程

情绪情感过程是人对货币能否满足自身物质和精神上的需要而产生的态度体验，它反映了货币同人的需要之间的关系，包括喜、怒、哀、乐、爱、憎、惧等。货币满足人的需要，就会使人产生积极、肯定的情绪情感；反之，则会产生消极、否定的情绪情感。

（3）意志过程

意志过程是指人自觉地确定目的，并克服内外部的困难，力求实现预定的目的的心理过程。意志过程表现在发动和制止货币行为两个方面：发动货币行为去实现预定的目的，制止与预定目的不相符合的货币行为。

认知过程、情绪情感过程、意志过程三者相互联系、相互作用，构成一个有机的整体。认知过程是情绪情感过程、意志过程产生的基础。没有人的认知活动，人既不能产生情绪情感过程，也不可能有坚强的货币意志；反之，情绪情感过程、意志过程反作用于认知过程，没有人的货币情绪情感的推动，或者缺乏坚强的货币意志，人的货币认知也不可能发展和深入。所以，认知过程和意志过程总是伴随着货币情绪、货币情感活动，货币意志又总是以一定的稳定活动为前提，而情绪情感过程和意志过程又促进了人的货币认知的发展。

2. 个性

货币心理过程总是在不同人的身上发生，由于个人遗传、教育、经历等的不同，人的货币心理有不同的特点。个性是一个人整体的心理面貌，它是个人货币心理活动稳定的心理倾向和心理特征的总和，个性的心理结构主要包括个性倾向性和个体心理特征两个方面。

（1）个性倾向性

个性倾向性内在地决定人对货币的态度，它也是货币行为的动力，它包括人对货币的需要、兴趣、动机、理想等。人的需要是一个人产生货币心理、货币行为的基本原因。

人的个性倾向性是在社会实践中形成、发展和变化的，它反映了人与客观现实的相互关系，也反映了一个人的生活经历。让一个人的个性倾向性成为一种稳定的心理特征时，就构成了一个人的个性心理特征。

（2）个体心理特征

个体心理特征是一个人身上经常地、稳定地表现出来的货币心理特点，主要包括人的能力、气质和性格。个体心理特征是多种心理特征的独特组合，集中反映了一个人的心理面貌、类型和差异，形成千姿百态的个体生活与精神风貌。

3. 心理状态

心理状态是心理活动在一段时间内出现的相对稳定的持续状态。它既具有心理过程的暂时性、可变性的特点，又具有个性的持久性、稳定性的特点。

人的货币心理活动和货币行为都是在一定的心理状态的基础上表现出来的。货币心理状态是货币心理活动的心理反映，要了解一个人的货币心理、货币行为，必须了解一个人的货币心理状态。

人自觉地、清晰地反映货币现实的心理活动，是以稳定的货币心理状态为基础，并由注意状态伴随的。注意是一种比较积极的、紧张的货币心理状态，心理状态除了受背景和环境的影响外，它本身也是货币心理活动存在的直接形态。

总之，心理过程、个性和心理状态之间是相互联系、相互影响、相互依存的关系，要了解一个人货币心理的全貌，必须把三者结合起来考察。

（二）需要关注的八个重点

从心理学的角度研究货币学需要关注心理过程、个性、心理状态中的八个重点，即认知过程中的货币的重要性、人驾驭货币；情绪情感过程中的货币情绪、货币感情；意志过程中的货币使命；个性中的货币性格；心理状态中的货币心态、货币人品。

1. 货币的重要性

货币的重要性是货币给人们心理上留下最初的、最深刻的、最持久的印象，也是人的货币认知过程中最初的、最深刻的、最持久的心理过程。自从货币产生以后，货币在人世间就占据特殊重要的地位，扮演了重要角色。任何人时时处处都离不开货币，离开货币就无法生存和生活，货币这个特殊重要性往往在人的货币心理、货币行为上表现得淋漓尽致。

2. 人驾驭货币

自从货币产生以后，人与人之间的关系当作物与物的关系来反映，人与货币的关系被颠倒，货币统治人，货币驾驭人，这是社会生产关系的反映。在社会主义制度下，社会生产关系发生了根本的变化。所以，要彻底把货币驾驭人的关系理顺过来。人民是社会的主人，也是货币的主人，货币驾驭人从此一去不复返了。但是，正如前面分析的，有极少数人在思想认识上、心理上还没有真正理顺过来，因此，必须彻底摆脱过去的思想影响，人要做货币的主人，人一定要驾驭货币。

3. 货币情绪

在日常经济生活中货币情绪经常出现并且会发生变化，这种变化往往是外来的人或事件引起的。人的货币情绪分为积极的快乐情绪、苦恼的消极情绪。人的货币情绪明显地、生动地反映人的心理和行为，所以，要保持自己快乐的货币情绪，消除自己消极的货币情绪。

4. 货币感情

人通过挣货币、花货币、存货币、货币交换、货币关系对货币产生了感情。货币感情是在一定的条件下、一定的事件中发生的，它能够使普通人出人头地，使无权无势的人变成强人，使不受宠爱的人变得可爱。通过货币交换，人与人之间的情感通过货币反映和表现出来。

5. 货币使命

货币不长腿，自己不能走进流通界，是人把它投入流通界的。所以，货币从投入流通界开始，就带着人的使命。人给货币运行指明了方向、目标、任务和要求，货币的运行要围绕着货币使命这个根本。根据货币使命的要求，人通过自己的货币行为完成预定的货币使命。

6. 货币性格

货币性格就是在货币交换、货币关系、货币行为中表现出来的人的心理和行为的特征，如理智、坦率、诚恳、大方、隐蔽、计较等。性格决定命运，不同的性格反映在人与人之间的货币关系中，货币性格有助于我们认识自己、读懂他人。要完善自我的货币性格，正确认识和处理人与人之间的货币关系。

7. 货币心态

货币心态是指人们对货币的看法、态度和追求。人要生存和发展，必须由自然界满足各种需要，而自然界是不会自动满足人类需要的，人只有参加劳动或工作，其需要才能被满足，而这种满足，在货币与商品存在的条件下，是通过货币这个一般等价物来实现的。人们的生存、生活天天都离不开货币，货币在人们头脑中的反映，就形成了人对货币的看法、态度和追求，这就是货币心态。

研究货币心态就是要提升自己的货币心理、货币行为对货币的驾驭力，所以，货币心态是货币心理、货币行为的根基，是看不见、摸不着人的货币行为的船舵，把控着人的货币心理、货币行为的方向。

8. 货币人品

货币交换、货币关系、货币行为反映和体现了人的人品，在世界上没有任何东西能够像货币体现和反映人的人品那样重要、根本、集中、明显。

人在很多时候并不了解自己的人品，但是，别人通过货币交换、货币关系、货币行为比自己看得更清楚、更明白。所以，每当货币交换、货币关系、货币行为遇到挫折、困扰，甚至人们发生争吵时，人们应该首先检查自己的人品，不会评价自己，就不能评价别人。只有认识到自己的货币人品，认识自己，才能改善自我，问题就解决了一大半，对方的问题也就容易解决了。人品决定命运，人们一定要把这个根本问题搞清楚。

根据以上分析，从心理学的角度研究货币学，触动了金融实际工作者的良知，对金融实际工作者是攻心战，唤醒了金融实际工作者的天职，衡量了金融实际工作者的工作是否符合党和国家的要求、人民的期望。

从心理学的角度研究货币学，触动了金融理论工作者的思维、心灵、理论，促使金融理论工作者检查、衡量、评价自己的货币理论研究是否符合实际，是否能够指导实践。

从心理学的角度研究货币学，触动了广大人民群众的心灵，促进了人们对货币交换、货币关系、货币行为的认识、思考和检查，净化了自己的货币心理、货币行为，使人们日常的经济生活更健康、更快乐，净化了社会货币氛围。

二、从货币学的角度研究心理学

从货币学的角度研究心理学，主要是在研究心理学时，渗透了货币学，融入了货币学，促进了货币学的发展，产生了货币学的创新理论。根据我国金融工作的实践，以及以上对心理学的研究和探索，得出以下十个货币学的创新理论。

（一）货币核心论

货币核心论是基于对市场经济性质的分析得出的。货币在市场经济中占据核心的重要地位，起着核心作用。货币是经济活动的核心，反映在人们的心理上也占据核心地位。人们心理活动的产生依赖物质的存在，物质是第一性的，人的货币心理是派生的，货币是经济活动的核心，必然反映在人们的心理上也是处在核心的重要地位。所以，这两个核心是统一的，不可分割的，是双核心论。

只有用这个理论来指导金融的实际工作，才能了解、研究、分析货币对经济、社会、人是否真正发挥了核心作用，这个作用发挥得够不够。要对人的心理和行为进行分析，对人的行动进行考核，这样才能找到金融实际工作的差距，不断进行研究、分析，提高自己的实际金融工作水平。

（二）货币动机论

人的生理和心理上的需要是货币动机产生的客观原因，诱因是产生货币动机的外因。货币动机转化为货币行为包括六个过程，即货币动机逐步增强的过程，货币动机的思考逐步清楚的过程，货币动机的决心逐步确定的过程，货币动机转化为货币行为的客观条件逐步形成、完善的过程，货币动机转化为货币行为的后果逐步看清楚的过程，货币行为反复比较和选择的过程。这六个过程阐述了货币动机的动力、内容、思考、实现的过程。

货币动机论的主要观点和内容是要逐步扩大人的内心动机。人的内心动机具有奉献性、强大性、真实性、持久性、稳定性的特点。只有逐步扩大人的内心动机，才能使人的心理更真实、更踏实、更快乐、更幸福，为集体、社会作出更大的贡献。

（三）货币传情论

货币传情是由货币的本质决定的，世界上其他物都不能传情，只有货币能够传情，这是因为货币不是普通商品，货币是特殊商品，货币是一般等价物、财富的代表，人人都能够接受它，人人都喜爱它，人人都用它，人人都持有它。

在阶级社会里，货币传的是剥削者蔑视、鄙视、轻视被剥削者之情，以及被剥削者对剥削者的反抗、仇视、愤怒之情。这两者是对立的，其表现是显然不同的，货币传递的是敌对之情，有时是假惺惺之情，这里没有半点人间真情。所以，只有在社会生产关系中增加货币传情这个内容，人们才能全面、深刻地阐述和理解社会生产关系的内涵。剥削者向被剥削者传递的是狰狞的面孔、冷酷的眼神，是对被剥削者精神上的虐待、思想上的折磨，精神上的虐待带来的痛苦有时超过物质上的贫困。

所以，在阐述社会生产关系时，不能停留在过去仅认为是物质上的剥削和被剥削的关系，应该增加货币能够传情、传递人们之间的感情这个新内容，这样才能全面地表述社会生产关系的内涵。在社会主义社会的生产关系中，人们之间传递的是互助合作之情，传递的是人间友好、快乐之情。

（四）货币传递真情论

人世间最引人注目的一是货币，二是真情。自从货币产生以来，货币与真情这对矛盾就天天摆在人们面前，人们往往容易选择重货币、轻真情。所以，人们必须正确认识和处理货币与真情的关系。

货币能使真情更浓。真情能够增加相互了解，促使相互合作，形成合力。真情能够使生产者互助合作，取长补短，挖掘潜力。真情能够增添生产者之间的青春活力，使人们在生活、劳动、工作过程中感到更阳光、更舒坦。

货币也能使真情变味。人们如果重货币、轻真情，由于货币是硬的，真情是软的，就会使人身关系扭曲，经济关系扭曲，人际关系扭曲，使真情变味。

真情是人类情感中的真善美，人与人的关系最宝贵的是真情。真情比货币更珍贵，真情浓浓，使人们心情好、感情深，促使人发挥更大的作用，使人生活、劳动、工作更快乐、更幸福。

（五）有货币不一定快乐论

有货币不一定快乐，这是货币收入、支出、结余三个方面的十二个原因造成的。精神财富给人带来的是真正的快乐，货币是快乐的基础，但它本身不是快乐，这两者在性质上是有区别的。

精神财富带来的快乐是精神上的、内心的、无限的、持久的、动情的；货币带来的快乐是物质的、外在的、有限的、短暂的、不自主的。

精神财富带来的快乐使人充满活力，是奉献、超越、新境界。人们要不断提高对货币与快乐关系的正确认识，正确对待，正确处理，使货币给人们带来更多、更真实的快乐，而不是带来烦恼。

（六）货币人品论

货币人品集中反映和体现了人们在货币交换、货币关系、货币行为上道德性质的、根本性的人品。世界上没有任何东西像货币这样集中、突出、露骨地反映和体现了人品。

人有时不了解自己的人品，但别人却看得更清楚、更明白，所以，每当货币交换、货币关系、货币行为遇到挫折、困扰，甚至人们发生争吵时，人首先应该检查自己的货币人品，不要把责任都推给对方，重要的是评价自己，但困难的也是评价自己。

正确认识和评价自己，问题就解决了一大半，对方的问题也就容易解决，只有正确认识自己，评价自己，读懂自己的内心，才能读懂他人的心理。人品决定一切，一定要把货币人品这个问题搞清楚、弄明白。

优化货币人品，就是要优化人的货币素质，要树立长远的奋斗目标，在实践中不断改善和提高自己的货币人品，要懂得帮助他人就是帮助自己。要在心理和行为上进行长期的自我锻炼，日积月累，坚持不懈。

（七）货币行为的三个“六”决定论

货币行为是由三个“六”决定的，第一个“六”是决定货币动机转化为货币行为的六个过程，即货币动机逐步增强的过程，货币动机的思考逐步清楚的过程，货币动机的决心逐步确定的过程，货币动机转化为货币行为的客观条件逐步形成、完善的过程，货币动机转化为货币行为的后果逐步看清楚的过程，货币行为反复比较和选择的过程。

第二个“六”是货币动机转化为货币行为的六个关系，即货币动机转化为货币行为的强度关系，货币动机和货币行为产生原因的关系，货币动机和货币行为目标的关系，货币动机和货币行为恢复心理平衡的关系，货币动机和货币行为满足社交需要的关系，货币动机转化为货币行为主客观条件的关系。

第三个“六”是货币心理转化为货币行为的六个因素，即货币需要、货币动机、货币情绪、货币人品、货币心理、货币心态。

货币行为的三个“六”决定论系统地阐述和论证了货币心理、货币行为的内涵、实质、内容、转化、作用。

(八) 货币的双价值论

货币存在客观价值与主观价值。货币的客观价值是人类历史上的一个古老的问题，同时也是货币的核心问题。当今世界各国流通的都是纸币，纸币是代表人类社会必要劳动的符号，价值符号是代表社会必要劳动的外壳，人类社会劳动是纸币代表的内核，纸币的价值是由纸币流通的客观规律决定的。

货币的主观价值是货币的客观价值在人头脑中的反映，是由不同的人、不同的心理货币决定的，所以，货币的主观价值对每个人来说是不同的，甚至存在很大的不同。货币不仅有主观价值，而且这个主观价值是由货币主观价值递减规律决定的。这是由以下四个方面决定的：

第一，人的生存、生活、社交所需要的货币总是有一定限度的，超过这个限度，货币的主观价值是递减的。第二，人的欲望是递减的。人的欲望在得到满足后是递减的。第三，人的精神生活所需要的货币也是递减的，不会越来越需要货币。第四，人的一生大部分时间在挣钱，长期挣钱，疲劳增多，追求货币的精力是递减的，这决定了货币的主观价值也是递减的。

针对西方经济学中货币边际效用递减规律提出以下意见：

第一，这个学说是不全面的，货币边际效用递减只适用于比较富裕的人们的经济生活，对不发达国家、贫困地区的人们来说是不适用的。第二，货币边际效用递减不发生在货币上，而是发生在人们的主观价值上。第三，没有区分和认识到货币既具有客观价值，又具有主观价值。货币的主观价值是递减的，而不是货币的效用是递减的。

（九）研究活货币论

货币没有长腿，自己不能走进流通界，是人把它投入流通界的。决定活货币的主要因素有八个：人的心理是活的，人的行为是活的，人的动机是活的，人的情绪是活的，货币传情是活的，货币使命是活的，货币心态是活的，货币人品是活的。这些因素决定货币不是死的，是活的，要研究活货币，不要研究死货币。

研究活货币的重要作用包括：使货币理论研究更联系实际，使货币理论研究更全面、更系统，使货币理论研究充满活力。把货币研究活，使货币对经济、社会、人发挥更积极的作用。

（十）心理货币论

心理货币的主要观点如下：

第一，心理货币的由来：自从货币产生就有心理货币的存在。

第二，在人们的现实经济生活中，不仅流通界存在货币，人们心理上还存在货币，即心理货币。

第三，两种货币：一种是看得见的货币，另一种是看不见的货币。

第四，两种性质：一种是物质上的货币，另一种是心理上的货币。

第五，两种作用：流通中的货币是一般等价物、财富的代表；心理货币是一种高级的心理功能，对个人的身心起着统合、管理和调节的作用。

第六，两种关系：手中的货币体现人和经济生活的关系，心理货币体现人的心理货币和手中货币的关系。

第七，心理货币是看不见的货币，指挥手中看得见的货币，看不见的货币是看得见货币的“司令部”。

第八，人们往往容易注意手中看得见的货币，忽视看不见的货币，这是在市场经济中，每个人都要重视的主要危险。要管好看不见的货币，预防和制止人们走上邪路。

第九，要不断增强心理货币的四个主要素质：增强劳动的素质、增强等价的素质、增强清白的素质、增强主人的素质。

第十，要净化社会货币氛围，净化个人货币心态，净化货币心理，净化货币行为，为社会主义精神文明建设多作贡献。

三、双促进，双提高

从心理学的角度研究货币学，通过对人的货币心理、货币行为的研究，促进了社会主义货币理论研究进入新阶段。过去货币理论研究不研究人的货币心理、货币行为，只是研究死货币，阻碍了货币更积极地发挥对经济、社会、人的作用。

新理念。通过对人的货币心理、货币行为如何影响流通中货币运行的研究，人们认识到不仅要研究货币流通规律的客观性，而且要研究人的货币心理、货币行为的主观性，并使人的货币心理、货币行为的主观性与货币流通规律的客观性保持相互适应。这开创了社会主义货币理论研究的新理念。

新经验。通过对人的货币心理、货币行为的研究，深挖了货币的活力，增强了人们对货币的洞察力，提升了人们对货币的调控力。这积累了社会主义货币理论研究的新经验。

新境界。通过对人的货币心理、货币行为的研究，可以发现货币能够传情，传递社会主义制度下人与人之间的互助合作之情，传递友情，传递人间真情。这开创了社会主义货币理论研究的新境界。

新作用。通过对人的货币心理、货币行为的研究，可以发现在社会主义制度下，货币能够在更高层次上，在经济绿色发展、共同富裕、实现中国式现代化、精神文明建设方面发挥更新、更好的作用。

从货币学的角度研究心理学，通过对人的货币心理、货币行为的研究，使心理学的研究增加了新领域、新范围、新结构、新境界。

新的心理领域。心理学的研究对象增加了研究人的货币心理和货币行为。在市场经济条件下，人的心理和行为时时处处都离不开货币，和货币发生了密切的关系。只有深入研究人的货币心理、货币行为，才能全面、深入地掌握人的心理。这使心理学的研究增加了新领域。

新的心理范围。扩大和增加了对货币交换、货币关系、货币行为、货币心理活动的研究，这是一个复杂的心理系统研究过程，也是一个复杂的心理系统研究工程。这使心理学研究增加了新范围。

新的心理结构。要对货币认知、货币情绪、货币感情、货币使命、货币性格、货币心态、货币人品这些新的货币心理结构进行系统的、深入的研究。这使心理学的研究增加了新结构。

新的心理过程。增加了货币的认知过程、货币的情绪情感过程、货币的意志过程。这三个过程密切联系、相互作用，构成一个有机的整体，要深入研究这三个货币过程。这使心理学的研究增加了新过程。

新的心理境界。通过研究人的货币心理、货币行为，人们懂得想认识自己，管好自己，读懂他人，只有研究人的货币心理和货币行为，如此才能做货币的主人，做自己的主人。这使心理学的研究达到了新境界。

复习思考题

1. 存在哪三个货币心理过程？这三个过程发挥什么作用？

2. 简述从心理学的角度研究货币学的意义和作用。
3. 简述从货币学的角度研究心理学的意义和作用。
4. 你对心理学与货币学双向研究有什么看法?
5. 简述心理学与货币学双向研究的意义和作用。
6. 你对心理学与货币学双向研究有什么补充?